P9-AQW-549

GUIDE PRATIQUE DE LA COMMUNICATION

Alan CHAMBERLAIN
Professeur à l'université de Nouvelle-Galles du Sud

Ross STEELE
Professeur à l'université de Sydney

**100 actes de communication
57 dialogues**

Didier

13, rue de l'Odéon - 75006 PARIS

Ce guide existe dans les versions suivantes :

- livre avec CD audio,
- cassette seule,
- livre seul.

« Le photocopillage, c'est l'usage abusif et collectif de la photocopie sans autorisation des auteurs et des éditeurs. Largement répandu dans les établissements d'enseignement, le photocopillage menace l'avenir du livre, car il met en danger son équilibre économique. Il prive les auteurs d'une juste rémunération. En dehors de l'usage privé du copiste, toute reproduction totale ou partielle de cet ouvrage est interdite. »

« La loi du 11 mars 1957 n'autorisant, au terme des alinéas 2 et 3 de l'article 41, d'une part, que les « copies ou reproductions strictement réservées à l'usage privé du copiste et non destinées à une utilisation collective » et d'autre part, que les analyses et les courtes citations dans un but d'exemple et d'illustration, « toute représentation ou reproduction intégrale, ou partielle, faite sans le consentement de l'auteur ou de ses ayants droits ou ayants cause, est illicite » (alinéa 1er de l'article 40) − « Cette représentation ou reproduction, par quelque procédé que ce soit, constituerait donc une contrefaçon sanctionnée par les articles 425 et suivants du Code Pénal. »

© Les Éditions Didier, Paris, 1991   Imprimé en France
ISBN 2-278-04966-6

Table des matières

Introduction

L'objectif principal du GUIDE PRATIQUE DE LA COMMUNICATION est de donner à l'étudiant(e) de français langue étrangère les moyens de communiquer naturellement dans des situations quotidiennes. Il lui fournit un classement fonctionnel des structures de base de la langue aussi bien que des exemples de l'utilisation de ces structures dans la vie de tous les jours.

Le GUIDE PRATIQUE DE LA COMMUNICATION est divisé en deux parties.

La première partie présente les structures et les expressions les plus utiles pour 100 « actes de communication ». Ces derniers sont classés en six groupes :

A. **Les liens sociaux :** sont inclus ici les actes de communication dont l'étudiant(e) aura besoin pour communiquer avec ses amis et ses relations sociales (exemples : Présenter / Inviter / Féliciter / Remercier / S'excuser, etc.).

B. **Demander et donner des informations :** l'étudiant(e) utilisera ces actes de communication pour s'informer, pour informer les autres, pour donner son avis (exemples : Demander et donner des informations pratiques / Désigner des objets et des personnes / Parler de son état physique, etc.).

C. **Pour passer à l'action :** ce groupe d'actes de communication donne à l'étudiant(e) les moyens d'agir et de faire agir quelqu'un (exemples : Demander à quelqu'un de faire quelque chose / Fixer un rendez-vous / Proposer de l'aide / Suggérer, etc.).

D. **Décrire des attitudes et exprimer des sentiments :** ici, plus qu'ailleurs, l'accent est mis sur l'affectivité. On trouvera dans cette section les différentes façons de nier, d'affirmer, d'exprimer son accord ou son désaccord et de porter des jugements, aussi bien que les moyens d'exprimer des émotions (exemples : Répondre « oui » / Répondre « non » / Dire qu'on est content(e) / Exprimer l'irritation et l'exaspération, etc.).

E. **Pour aller plus loin :** nous donnons ici quelques indications de base à propos des actes de communication qui, bien que très importants, nous mènent au-delà des objectifs premiers de ce livre, vers des notions de grammaire, ou de sociolinguistique (exemples : Rapporter / Faire des hypothèses, etc.).

F. **La vie professionnelle en Europe :** cette section vise essentiellement l'étudiant(e) qui a l'intention de travailler soit dans un pays francophone, soit avec des francophones dans son propre pays. On y trouvera par exemple un vocabulaire de base de la technologie du bureau, des expressions pour parler au téléphone, pour écrire une lettre commerciale, etc.

La deuxième partie comporte 57 dialogues représentant des situations sociales et professionnelles quotidiennes (rencontres, rendez-vous amicaux et professionnels, repas, achats, commerce, tourisme, loisirs, etc.).

I - UTILISATION DE LA PREMIÈRE PARTIE

Sous chaque rubrique sont présentées les structures essentielles pour l'acte de communication donné.

Exemple :
Rassurer :
- Rassure-toi ! / Rassurez-vous !
- Ne t'inquiète pas ! / Ne vous inquiétez pas !
- Ne t'en fais pas ! / Ne vous en faites pas !
- N'aie pas peur ! / N'ayez pas peur !

Les expressions situées à gauche du trait vertical peuvent se combiner avec toutes les expressions situées à droite de ce trait.

Exemple :
Refuser une invitation (politesse moyenne) :

- Je regrette, mais	je ne peux pas.
- Désolé(e), mais	ce n'est pas possible.
- Merci, mais	ça ne me dit rien.

Les mots et locutions entre parenthèses sont, soit facultatifs :

Exemple :
Prendre congé :
(Allez) au revoir ;

soit des exemples de mise en contexte des structures :

Exemple :

- Rassure-toi ! / Rassurez-vous !	(il y aura encore des places)
- Ne t'inquiète pas ! / Ne vous inquiétez pas !	(je ne vais pas oublier)
- Ne t'en fais pas / Ne vous en faites pas !	
- N'aie pas peur ! / N'ayez pas peur !	(je m'en occupe)

Comment choisir parmi les expressions données ?

Les expressions qui ne sont pas accompagnées de symboles ou de vignettes sont d'un registre de langue usuel. Ce sont des expressions « standard » qui peuvent être utilisées dans la plupart des situations.

L'étudiant choisira les expressions qui conviennent à son niveau de compétence :

- au niveau peu avancé : les plus faciles ou celles qui sont déjà connues ;
- au niveau plus avancé : celles qui, par exemple, lui permettent une plus grande variation stylistique.

Dans les nombreux cas où il y a des variations de niveau de langue ou des marques d'affectivité, des symboles et des vignettes fournissent des informations complémentaires :

○ – indique que l'expression est d'un registre de langue familier, ou du moins que cette expression est plus familière que les autres expressions données dans la liste. Elle peut donc être utilisée dans des situations « décontractées », par exemple avec des amis ;

☐ – indique que l'expression est d'un registre de langue élevé ; elle est à utiliser plutôt avec ses relations sociales : des supérieurs ou des personnes que l'on connaît peu.

Des vignettes soulignent la valeur affective des expressions, par exemple :

Accepter une invitation :

 (Oh oui) avec plaisir !
(enthousiaste)

 agacé
fâché
(émotion moins intense)

 (Oui) je veux bien.
(neutre)

 en colère
furieux
(émotion plus intense)

 (Ben) oui, si tu veux.
(peu enthousiaste)

Trois types d'encadrés attirent l'attention de l'étudiant(e) :

– les expressions très utiles :

TRÈS UTILE !

– les expressions « pièges », à utiliser avec prudence ou à éviter :

ATTENTION !

– les expressions fréquentes, mais souvent d'une certaine complexité grammaticale, qu'il faut apprendre globalement et utiliser de façon automatique :

À RETENIR !

Le choix des pronoms personnels dans les exemples fournis dépendra de la situation de communication. On peut tout aussi bien dire « Il a mal à la tête » que « J'ai mal à la tête » (exemple fourni), si la situation le demande. Pour remercier quelqu'un de façon très polie, nous suggérons :
   – C'est vraiment très gentil de votre part.
On peut dire également :
   – C'est vraiment très gentil de ta part.

II - UTILISATION DE LA DEUXIÈME PARTIE

Si la première partie du GUIDE fournit le « savoir-dire », la deuxième partie montre « comment ça se passe ». Les dialogues reprennent des actes de communication de la première partie et montrent comment les expressions peuvent s'insérer dans des contextes de la vie de tous les jours[1]. Par exemple, les actes de communication « Inviter », « Suggérer : proposer de faire quelque chose ensemble », « Accepter une invitation » et « Refuser une invitation » sont repris dans les dialogues 12.3 « Bienvenue à la Société Cortex » (milieu d'affaires, niveau de langue usuel) et 8.3 « À la discothèque » (loisirs, niveau usuel/familier).

La deuxième partie donne également le vocabulaire courant des situations quotidiennes.

Exemple : Dialogue 7.5 « À la station-service »,
– *Le plein, s'il vous plaît.*

Les deux parties sont reliées entre elles par un double renvoi. En tête de chaque acte de communication (première partie), on trouvera une liste de dialogues dans lesquels les structures sont reprises. Dans les dialogues (deuxième partie), les structures de la première partie sont en italique gras et sont suivies d'une lettre et d'un chiffre qui renvoient aux actes de communication. En tête de chaque dialogue, on trouvera également une indication du niveau de langue utilisé.

III - UTILISATION DU LIVRE ET DES DIALOGUES ENREGISTRÉS

1. Pour l'apprentissage autonome du français parlé

Les étudiants inscrits dans un cours de français langue étrangère, ainsi que les étudiants « libres » (hommes et femmes d'affaires, touristes, etc.) trouveront dans le GUIDE PRATIQUE DE LA COMMUNICATION des réponses pratiques à leurs besoins de communication quotidienne.

Prenons par exemple l'étranger qui voudrait inviter des francophones chez lui. Il consultera d'abord l'index dans sa version française, ou celui de sa langue maternelle. Il cherchera sans doute à « Inviter ». Sous cette rubrique, il trouvera les moyens linguistiques lui permettant de faire une invitation simple, par exemple :

« Vous êtes libre ce soir ? »
« Je vous invite à dîner à la maison. »

Au besoin, il pourra consulter aussi « Accueillir », « Offrir à boire/à manger », « Saluer », « Prendre congé », etc. En consultant ces actes de communication, il trouvera des renvois aux dialogues mettant les structures de chaque acte dans des contextes de la vie quotidienne.

Par exemple, le dialogue 6.3 « Ce soir on invite » : ici, il trouvera non seulement les actes qu'il a consultés (« Accueillir », « Offrir à boire/à manger »), mais d'autres actes qui pourront lui être utiles : « Faire/accepter un compliment », « Donner des instructions ».

---

1. Les dialogues illustrent la majorité des actes de communication, mais ils ne reprennent qu'un échantillon restreint des structures et des expressions présentées.

L'enregistrement des dialogues permettra à l'utilisateur étranger de se rendre compte de la réalisation orale des actes de communication qu'il a consultés et de l'ambiance des situations. Il pourra les écouter en classe (s'il suit un cours), à la maison, dans sa voiture en allant au travail... Bien entendu, le GUIDE ne sera pas consulté seulement pour des besoins communicatifs immédiats. Il peut être simplement feuilleté, ou bien étudié de façon systématique. De même, les dialogues enregistrés peuvent fournir les éléments d'un programme de compréhension orale.

2. Comme complément à un cours de français

Par les étudiants suivant un cours de français langue étrangère.

Ils peuvent utiliser le GUIDE comme un livre de référence, pour préparer des activités orales ou écrites pour la classe.

Tout comme les étudiants « libres », ils peuvent également le consulter ou l'étudier systématiquement comme complément à leur manuel de classe, et utiliser les dialogues enregistrés comme exercices de compréhension orale.

Par le professeur.

Comme nous venons de l'indiquer, le GUIDE peut être utilisé en classe comme matériel pédagogique complémentaire pour des activités communicatives.

Mais on peut également l'utiliser comme manuel de base pour établir un programme fonctionnel. En effet, le classement des structures de la première partie aidera le professeur à élaborer un programme fonctionnel de base. À l'aide des dialogues (qui peuvent être étudiés en classe comme ceux de toute « méthode » ou de tout manuel) et d'autres activités communicatives (des jeux de rôle, par exemple) organisées autour des rubriques de la première partie, le professeur pourra construire tout un cours communicatif à partir du niveau faux-débutant.

Première partie

Actes de communication

A1 Saluer (dire « Bonjour »...)

Dialogues : 1.1 ; 1.3 ; 11.5 ; 12.3

| – Bonjour | Monsieur.
Madame.
Mademoiselle.
jeune homme (à un garçon).
tout le monde (à un groupe). | Comment allez-vous ?
Comment ça va ?
Ça va ? |

– Bonsoir (à la fin de l'après-midi, ou le soir).

| ○ – Salut | Virginie
Jean | Ça va ? |

| ○ – Tiens, | salut !
bonjour ! | (Si on est un peu surpris de voir une personne,
surtout si on la rencontre par hasard). |

Réponses :

– Ça va bien.	(Et vous ?)
– Ça va (bien).	(Et toi ?)
– Pas mal, (merci).	(Et vous-même ?)
– (Très) bien merci.	

On peut demander à quelqu'un de saluer une personne absente. Cela se fait en général si les deux personnes sont de la même famille, ou si elles sont amies.

| – Donne le bonjour à | Catherine
Bernard
... |

Parmi des gens qui se connaissent bien, on entend souvent des réponses peu enthousiastes à la question « Ça va ? ».

– Ça pourrait aller mieux.
○ – On fait aller, quoi !

Ces réponses attirent normalement des expressions telles que :

– Oh ! qu'est-ce qui t'arrive ?
– Qu'est-ce qu'il y a ?
– Qu'est-ce qui ne va pas ?
○ – Pauvre vieux ! Mon pauvre vieux ! Ma pauvre vieille !
□ – Ma pauvre amie !

Au téléphone :
On dit d'abord « Allô ? » pour être sûr qu'il y a quelqu'un en ligne, on se présente et on dit ensuite « Bonjour », ...

– Allô...
– Allô, c'est Michel. Bonjour, Olivia.
– Bonjour, Michel. Ça va ?...

TRÈS UTILE !

Souvent, quand un(e) Français(e) entre dans un petit magasin ou un petit bistrot, il/elle salue tout le monde, même s'il (si elle) ne connaît pas toutes les personnes présentes.

- Bonjour ⎤ Messieurs Dames.
- Bonsoir ⎦
- Messieurs Dames.

Cette salutation crée une ambiance sympathique, mais les personnes présentes ne répondent pas toujours.

A 2 Prendre congé (dire « Au revoir »...)

Dialogues : 1.3 ; 10.1 ; 12.2 ; 12.5

- Au revoir, | Monsieur.
            | Madame.
            | Mademoiselle.
            | Messieurs Dames.

- (Allez) au revoir, | Anne-Marie.
○ - Salut, | Jean-Claude.
               | tout le monde.

Pour indiquer à quel moment on pense revoir une ou plusieurs personnes, on peut ajouter :

- À tout de suite   (= dans quelques minutes)

- À tout à l'heure
- À plus tard   (= plus tard dans la journée)

- À bientôt
- À un de ces jours   (= dans quelques jours probablement)

○ - À la prochaine
○ - À un de ces quatre.   (= une période non déterminée)

Pour être plus précis, et surtout si on a fixé un rendez-vous, on peut dire :

- À | ce soir.
- On se (re)voit | demain.
- On se téléphone | lundi, mardi... matin, soir.
                       | la semaine prochaine.

Quand on prend congé, on peut ajouter, selon le moment :
– Bonne journée.
– Bon après-midi.
– Bonne soirée.
– Bonne nuit (au moment de se coucher).
– Bon week-end.
– Bonne fin de semaine.
– Bonnes vacances.

À quelqu'un qui travaille, on peut souhaiter :
– Bon courage.
– Bonne continuation.

Notes :
1. Traditionnellement, « Adieu » est utilisé quand on se quitte pour une longue période ou quand on pense que l'on ne va plus se revoir du tout. Mais on l'entend de moins en moins dans la plupart des pays francophones. Dans le Midi de la France, cependant, on utilise souvent « Adieu » à la place de « Au revoir ».
2. Les jeunes Français utilisent souvent la salutation italienne « Ciao » ou anglaise « Bye » pour dire « Au revoir ».

A3 Accueillir (voir aussi « Offrir à manger, à boire » A17)

Dialogues : 1.1 ; 6.3 ; 12.3

Accueillir des amis chez soi (après les salutations) :

– Ça me fait plaisir de vous voir.
– Entrez, (je vous en prie).

– Donnez-moi vos | manteaux.
                       | affaires.
– Mettez-vous à l'aise.

– Asseyez-vous (je vous en prie).
– Installez-vous.

– Qu'est-ce que vous voulez boire ?
– Qu'est-ce que je vous offre ?
– Servez-vous, je vous en prie.

A 4 Présenter/Se présenter

Dialogues : 1.1 ; 1.2 ; 1.3 ; 2.2 ; 9.3 ; 12.2 ; 12.5

▶ Avant les présentations :

– Vous connaissez	Monsieur... ? Madame... ? Mademoiselle... ? mon frère ? ma femme ?

– Tu connais mon copain Pascal ?
– Vous vous connaissez ?

▶ Les présentations :

– Je vous présente	ma sœur Christine.
– C'est	mon mari.
– Voilà	mon camarade Paul.

☐ Permettez-moi de vous présenter ma femme.

▶ Répondre aux présentations :

– (Je suis)	enchanté(e) heureux(se) content(e) ravi(e)	de vous	rencontrer. connaître.

– Bonjour.
○ – Salut.
☐ – (Je suis) enchanté(e) de faire votre connaissance.

▶ **Se présenter :**

– (Bonjour) | Je me présente
– (Bonsoir) | Je m'appelle   Jacques Breton.
          | Je suis
   □ | Je me permets de me présenter. Je m'appelle...

TRÈS UTILE !

Dans un milieu décontracté (jeunes, étudiants), on peut simplement présenter par les prénoms, avec un geste de la main.
– Jean-Claude, Sylvie ; Sylvie, Jean-Claude.
– Bonjour. Jacques Breton (= Je suis Jacques Breton.)

A 5 Comment décrire vos liens avec les autres

(voir aussi « Correspondance personnelle » E6)

Dialogues : 1.1 ; 1.2 ; 1.3

– Tu connais mon ami(e) Jean(ne) ?
       (= Vous avez de l'amitié pour lui/elle.)

    ○   mon copain Michel ?
    ○   ma copine Martine ?
       (= Vous vous connaissez bien, et sans doute depuis un certain temps.)

– Tiens, aujourd'hui, je déjeune avec un(e) collègue.
       (= Vous travaillez ensemble, dans le même bureau, le même établissement...)

– J'ai invité un(e) camarade.
       (= Vous êtes dans la même classe, ou le même groupe : à l'école, à la faculté, dans une association quelconque.)

– Je vais te présenter mon ami(e).
       (= (Garçon-fille seulement). Vous sortez souvent ensemble.)

– Je vous présente mon/ma fiancé(e).
       (= Vous allez sans doute vous marier bientôt.)

– J'ai rencontré sa maîtresse/ son amant.
       (= Se dit souvent d'un homme ou d'une femme marié(e) qui a une liaison en dehors du mariage.)

- Il/Elle vient avec sa compagne/
☐ son compagnon.

(= Se dit d'une liaison identique au mariage, mais non officielle.)

○ – Il/Elle vient avec son petit ami/sa petite amie.

- Je ne connais pas   sa femme.
                     son mari.

(= Se dit quand le couple est marié.)

A 6 Interpeller (attirer l'attention)

Dialogues : 1.2 ; 9.2 ; 12.5

▶ **Interpeller quelqu'un** (dans la rue par exemple) :

- (Pardon) | Monsieur !
            | Madame !
            | Mademoiselle !
            | Jeune homme ! (à un garçon) | (s'il vous plaît.)
            | Jean-Pierre !
            | Madame Chabrol !

- S'il vous plaît Monsieur/Madame...

▶ **Pour attirer l'attention** (d'un garçon de café, d'une serveuse, d'un vendeur/d'une vendeuse...)

- Monsieur,
- Madame,   s'il vous plaît !
- Mademoiselle,

- Excusez-moi, | Monsieur !
                   | Madame !
                   | Mademoiselle !

TRÈS UTILE !

Quand on arrive dans un endroit et qu'on ne voit personne, on dit :
- Il y a quelqu'un ?
- S'il vous plaît...

N.B. : Pour attirer l'attention d'un serveur dans un café, on entend encore dire « Garçon ! ». Mais aujourd'hui ce mot est moins utilisé.

A7 Inviter

(voir aussi « Proposer de faire quelque chose ensemble » C12
et « Proposer de l'aide », « Proposer un service » C6/C9)

Dialogues : 8.3 ; 9.3 ; 9.6

▶ Avant d'inviter :

On peut demander à quelqu'un s'il est libre (c'est une invitation déguisée) :

– Vous êtes libre ce soir ?
– Qu'est-ce que tu fais samedi ?
– Tu fais quelque chose de
   spécial dimanche ?
– Si tu es libre demain,...

> *Je serais heureux de t'accueillir pour fêter mon anniversaire : rendez-vous le 15 février à partir de 17 heures. Peux-tu répondre, s'il te plaît, avant le 20 février ? Merci. Sébastien*

⚠ ATTENTION !

1. La question « Tu es libre ce soir ? » peut poser un problème. Si on répond « oui », on aura du mal à refuser l'invitation qui va sans doute suivre. Si on répond « Non », on aura du mal à accepter ! Comment s'en sortir ? On peut répondre :

   – Écoute, je ne sais pas encore.
   – En principe, je sors, mais ce n'est pas sûr.

2. Il faut bien distinguer « inviter » et « proposer/suggérer », pour la bonne raison que, traditionnellement, celui qui invite est celui qui paye ! Il y a donc une différence entre :
   – On va prendre un verre ? (suggestion),
   et
   – Je t'invite à prendre un verre (invitation).

▶ Comment inviter quelqu'un ?

| – Je vous invite | à dîner
au restaurant. | à la maison. |

– Venez (Viens) donc dîner à la maison !
– Vous voulez venir dîner chez nous ?
– Vous voulez aller dîner au restaurant ? Je vous invite.

□ – Vous déjeunerez (bien) avec nous ?
- Vous voulez danser ?
- Ça te dirait d'aller voir un film ? (Je t'invite.)
- Tu veux venir à la patinoire ? (Je t'invite.)
- Tiens. Je t'offre | l'apéritif.
| un verre.
- Viens voir ma nouvelle voiture.

A8 Accepter une invitation

Dialogues : 9.3 ; 9.6 ; 12.3

- (Oh, oui) avec plaisir !
- Oh oui, alors !
○ – C'est sympa¹/Ce serait sympa¹ !
○ – Chouette !
○ – Chic !

- C'est une bonne idée.
- D'accord.
- Oui, je veux bien.
- Pourquoi pas ?
□ – Volontiers.

○ – Ben² | oui, si tu veux.
| oui, peut-être.
| oui...

1. ○ C'est sympa = c'est sympathique, c'est gentil.
2. ○ « Ben » exprime une hésitation. On pourrait dire aussi : « Euh ! ».

A9 Refuser une invitation

Dialogue : 8.3

– C'est (très) gentil, mais...
– Je suis vraiment désolé(e), mais

| je suis pris(e). |
| je ne suis pas libre. |
| je ne peux pas. |
| j'ai du travail. |

– Je regrette, mais
– Désolé(e), mais

| je ne peux pas. |
| ce n'est pas possible. |

– Merci, mais
– Non,

| ça ne me dit rien. |
| je n'ai pas envie. |

  ○ – Non, ça (ne) me dit rien.

TRÈS UTILE !

Quand on ne peut pas donner de réponse immédiate, on dit souvent :
– Je ne sais pas si je suis libre.
– (Peut-être). Je vais voir.

Merci de ton invitation que je viens de recevoir.
Je pars en vacances de neige la semaine prochaine
et malheureusement je serai absent le 25 février.
Je le regrette beaucoup car j'aurais aimé fêter
tes 20 ans avec tous nos amis.
Je penserai à toi ce jour-là depuis Courchevel.
Je te souhaite un très heureux anniversaire.

Ton ami, Michel

A 10 Remercier, répondre aux remerciements

Dialogues : 3.4 ; 6.3 ; 8.6 ; 9.2 ; 9.3 ; 9.5 ; 9.6 ; 10.1 ; 11.3 ; 12.3 ; 12.5

▶ Remerciement usuel :

– Merci	bien beaucoup	Monsieur. Madame. Mademoiselle. jeune homme (à un garçon). Jean-Michel. Marie-Ange.

– Je vous remercie (beaucoup).
○ – Merci, hein.

▶ Remerciement enthousiaste :

– Oh, merci !
– Tu es (vous êtes) très gentil(le) !
– Merci mille fois.
□ – Merci infiniment.
□ – C'est (vraiment) très gentil (aimable) de votre part.
□ – Je ne sais comment vous remercier.

▶ Répondre au remerciement :

– Il n'y a pas de quoi.
– De rien.
– Ce n'est rien.
– C'est tout à fait normal.
□ – Je vous en prie.
□ – C'est vraiment peu de chose.

A11 S'excuser (voir aussi « Acheter » C3)

Dialogues : 3.1 ; 3.4 ; 4.3 ; 6.4 ; 7.3

▶ Quand on dérange quelqu'un :

On le bouscule, on lui marche sur les pieds,
on veut passer devant lui (par exemple,
dans une foule) :

– Excusez-moi. | (Je ne l'ai pas fait exprès.)
– Je m'excuse.
– Pardon.
☐ – Je vous prie de m'excuser.

Réponses :

– Ce n'est pas | grave.
○ – C'est pas

– Il n'y a | pas de mal.
– Y a

– Ce n'est rien.
☐ – Je vous en prie.

ATTENTION !

« Excusez-moi » ou « Je m'excuse » ?
Certains puristes maintiennent que « Je m'excuse » est inacceptable parce
qu'on ne peut pas s'excuser soi-même – c'est à l'autre personne de le faire.
En fait, « Je m'excuse » est couramment employé dans la langue parlée.

▶ Quand on regrette d'avoir fait quelque chose :
(Pour une erreur, un oubli...)

– (Excusez-moi...) | Je suis désolé(e).
| Je suis vraiment désolé(e).
☐ | Je suis navré(e).

Réponses :
– Ce n'est pas grave.
– Ça ne fait rien !
– Ne vous en faites pas. (Ne t'en fais pas.)
– C'est pas vraiment de ta faute.
☐ – Je vous en prie. (Je t'en prie.)

À RETENIR

Quand une personne a commis une petite erreur, on peut la rassurer en disant : « Ça ne fait rien ». (= Ce n'est pas grave.)

– Oh ! J'ai cassé ce verre.
– Ça ne fait rien ! Il y en a d'autres.

▶ **Quand on regrette de ne pas pouvoir rendre un service :**
Dans un magasin, un restaurant... :

– Je suis désolé(e). | (Je ne peux pas vous aider.)
– Je regrette. | (Nous n'en avons plus.)

Réponse :
– Tant pis !

ATTENTION !

L'expression « Je regrette » ne s'emploie pas toujours de la même façon que « Je suis désolé(e) ». On peut dire :

– Je regrette (Je suis désolé[e]) de lui avoir parlé comme ça.

MAIS, « Je regrette » s'emploie comme formule de politesse quand on dit à quelqu'un qu'il fait erreur :

– Je regrette, mais je ne suis pas en retard. Votre montre avance.
« Pardon » peut s'employer de la même façon :

– Pardon | Ce n'est pas | moi qui ai dit ça.
| ○ C'est pas |

A 12 Féliciter

Dialogue : 2.4

– Félicitations !
– Toutes mes félicitations !
– Je vous félicite. (Je te félicite.)
– Bravo !
– Je suis content(e) pour vous (pour toi).
○ – Chapeau ! (exprime aussi l'admiration).

Pour un mariage, des fiançailles :

– Tous mes vœux de bonheur !
– Tous mes compliments !

A 13 Plaindre

Dialogue : 11.4

Si on vous dit, par exemple :

○ – J'ai été collé(e)[1] à mon examen.
  – On m'a volé ma moto.
  – Mon propriétaire me demande de quitter mon appartement.

Vous pouvez répondre :

– Mon/ma pauvre !
– Oh là là !
– Mon Dieu !
– Ce n'est
○ – C'est | pas drôle.
– C'est triste, ça !
– Tu n'as vraiment pas de chance !
○ – Tu n'as vraiment pas de veine[2] !
○ – C'est moche[3], ça !

A 14 Présenter ses condoléances

Dans le cas d'un deuil (mort de quelqu'un), on dit :

– Toute ma sympathie.
– Toutes mes condoléances.
– Je vous présente mes condoléances.
– J'ai beaucoup de peine pour vous.

1. ○ Être collé(e) = ne pas réussir à un examen.
2. ○ Tu n'as vraiment pas de veine = tu n'as vraiment pas de chance.
3. ○ C'est moche, ça = c'est ennuyeux, ça.

A15 Souhaiter quelque chose à quelqu'un

Dialogues : 3.2 ; 8.2 ; 12.3 ; 13.2

▶ **Au moment de commencer un repas :**
- Bon appétit !

▶ **Au moment de commencer à boire (○ trinquer) :**
- À votre santé ! (À ta santé !)
○ - À la vôtre !
○ - À la tienne !
○ - Tchin, tchin !
□ - Au succès de notre projet !

▶ **Accueil officiel (quand quelqu'un arrive dans une ville, dans un pays) :**
- Bienvenue à...
- Soyez le/la bienvenu(e) à...

▶ **À quelqu'un qui va travailler :**
- Bon courage !
- Travaillez (travaille) bien !

▶ **À quelqu'un qui commence un travail (il peut soit réussir, soit échouer) :**
- Bonne chance !

▶ **À quelqu'un qui sort :**
– Bonne journée !
– Bonne soirée !
– Amusez-vous bien !
– Amuse-toi bien !
(Voir aussi « Prendre congé » A2).

▶ **À quelqu'un qui part en voyage :**
– Bon voyage !
– Je vous (te) souhaite un bon | séjour !
| voyage !

▶ **À quelqu'un qui est fatigué :**
– Reposez-vous bien !
– Repose-toi bien !

▶ **À quelqu'un qui va dormir :**
– Bonne nuit !
– Dormez (dors) bien !
– Faites (fais) de beaux rêves !

▶ **À quelqu'un qui est malade :**
– Soignez-vous bien !
– Soigne-toi bien !
– Remets-toi vite !
– Meilleure santé !
□ – Prompt rétablissement !

▶ **À quelqu'un qui part en vacances :**
– Bonnes vacances !
– Bon voyage !

▶ **Les fêtes :**
– Bonne fête !
– Joyeux anniversaire !
– Joyeux Noël !
– Bonne année !...

A 16 Offrir un cadeau

Dialogue : 6.3

Offrir un cadeau, par exemple, à quelqu'un qui vous a rendu un service, ou quand on est invité à dîner chez quelqu'un :

– Voilà	des fleurs	
– J'ai	un petit cadeau	pour vous.
– J'ai apporté		

– C'est pour vous, Madame.
– Tenez, j'ai pensé que ça vous ferait plaisir.

ATTENTION !

Souvent, quand vous offrez un cadeau, on vous répond :

– Vraiment, c'est trop gentil !
– Oh ! Mais il ne fallait pas !

« Il ne fallait pas » est une formule de politesse. Vous avez bien fait d'apporter le cadeau.

TRÈS UTILE !

En France, si vous êtes invité(e) à manger dans une famille, il est normal d'apporter un petit cadeau pour l'hôtesse. Vous pouvez apporter :
– des fleurs, des chocolats ;
– du vin seulement si vous connaissez bien vos hôtes ;
– des bonbons, s'il y a des enfants.

A 17 Offrir à boire/à manger
Refuser/accepter l'offre
(voir aussi « Accueillir » A3)

Dialogues : 1.1 ; 6.3

▶ **Offrir à boire :**

– Vous voulez boire quelque chose ?
– Qu'est-ce que vous prenez ?
– Qu'est-ce que vous voulez boire ?
– Qu'est-ce que je vous sers ?

▶ **Offrir à manger** (à table) :

– Servez-vous.
– Tenez, je vous sers.
– Vous prenez (encore) des crudités ?
– Encore un peu de viande ?
– Vous en voulez encore un peu ?

▶ **Accepter une offre à boire/à manger :**

– Oui,	avec plaisir.	(C'est très bon.)
	volontiers.	(C'est délicieux.)
	je veux bien.	(C'est excellent.)

▶ **Refuser une offre à boire/à manger :**

– Non, merci,	pas pour l'instant.
	j'ai déjà bien mangé.
	je n'ai vraiment plus (ou pas) faim.

– Merci,	c'est très gentil.
	c'était délicieux.

ATTENTION !

En réponse à une offre, l'expression « merci », employée seule, signifie « non ».
– Vous prenez du sucre dans votre thé ?
– Merci. (= non, merci).
Ce « merci » est généralement accompagné d'un petit signe négatif de la tête ou de la main.
L'expression « s'il vous plaît » signifie « oui ».
– Vous prenez du sucre dans votre thé ?
– S'il vous plaît (= oui, s'il vous plaît).

ATTENTION !

Quand vous refusez une offre à boire, un deuxième verre, ou si vous ne voulez plus reprendre du plat servi, votre hôte (hôtesse) va sans doute, par politesse, insister :

– Allez, juste un tout petit peu !
– Vous êtes sûr(e) ? Vous n'en voulez plus ?
– Mais vous n'avez pas beaucoup mangé !...

Vous pouvez dire :

– Non, vraiment, c'est | très bon | mais j'ai très bien mangé.
| délicieux | mais je n'ai plus faim.

– Merci, mais vraiment, | je n'en veux plus.
| j'ai très bien mangé.

Ce qu'il ne faut pas dire :

– Ne traduisez pas des expressions de votre langue maternelle telles que « Je suis plein(e) » : cette expression est totalement inappropriée.
– Ne dites pas « J'en ai assez », qui peut traduire l'irritation et l'exaspération.

A18 Faire un compliment

Dialogues : 6.3 ; 9.6

Un compliment fait plaisir, et crée une bonne ambiance. Toutefois, il vaut mieux le réserver à des gens qu'on connaît bien.

Voici quelques compliments que l'on peut faire :

– Vous avez bonne mine aujourd'hui. (= Vous avez l'air en forme.)
– J'aime bien tes cheveux comme ça.
– Quelle jolie robe !
– Elle te va bien, cette robe !
– Qu'est-ce qu'elle est | belle, ta montre !
| ○ chouette, ta montre !
– Qu'il est joli, ce pull !
– Qu'elle est belle, cette maison !

A 19 Accepter un compliment

Dialogues : 6.3 ; 9.6

Si l'on vous dit :
– Tu as bonne mine, aujourd'hui !
○ – Elle est chouette, ta robe !

Vous pouvez répondre :
– Tu trouves ?
– Oh, vraiment ?
– Tu es gentil(le).
– C'est gentil (à vous).
– Merci !

A 20 Annoncer une nouvelle

– Tu sais que	(Patrick va se marier.)
– Figurez-vous (figure-toi) que	(Martine a donné sa démission.)
– Vous connaissez (tu connais) la nouvelle ?	
– J'ai quelque chose à te dire.	
– J'ai une bonne / mauvaise	nouvelle à t'annoncer.

Pour une nouvelle délicate à annoncer :

– Ça me gêne de te dire ça, mais (je me suis fâché(e) avec ta sœur).
  (Voir aussi « Dire sa gêne, son embarras » D21.)

Pour une nouvelle officielle, surtout écrite :

– Je vous informe que (j'ai l'intention de quitter mon appartement au mois de...).
– J'ai le plaisir de vous informer que (nous sommes en mesure de vous offrir le poste de...).

A 21 Engager, continuer, terminer une conversation

▶ **Comment engager une conversation :**

Pour engager une conversation quotidienne, banale, on peut dire, par exemple :

– Alors, (qu'est-ce que tu penses de... ?)
– Dis donc, Jean-Michel, (tu sais que... ?)
– Dites, Madame Legrand (vous n'auriez pas vu... ?)
– Au fait, (il est venu, finalement ?)

▶ **Comment changer de sujet de conversation :**

Pour changer de sujet de conversation, on peut reprendre avec les expressions ci-dessus, c'est-à-dire : « Dis donc... », « Dites... », « Alors... », « Au fait... ».

Pour établir un lien entre la conversation précédente et ce que l'on se prépare à dire on utilise :

– À propos...
– Ça me fait penser que...
– Ça me rappelle que...

▶ **Comment prendre la parole :**

Normalement, on ne demande pas la parole mais on peut intervenir grâce à des expressions telles que :

– Moi, je pense que...
– Moi, ce que je pense, c'est que...
– Écoutez,.../Écoute,...
– Mais...
– Oui, mais...
– Mais non...
– Exactement...
– Justement...
– D'accord, mais...
– Attendez... Attends...

On peut, en fait, utiliser la plupart des expressions qu'on trouvera sous « Répondre oui » D1, « Répondre non » D2, « Dire qu'on est d'accord » D4, « Dire qu'on n'est pas d'accord » D4, « Dire que l'interlocuteur a raison/fait erreur » D5.

Toutefois, si vous vous impatientez et si les autres ne semblent pas vouloir vous laisser la parole, vous pouvez dire :

– J'ai quelque chose à dire.
– Je peux dire un mot ?
– Laissez-moi parler !
– Je demande la parole ! (Normalement dans une réunion.)
☐ – Je voudrais intervenir.

▶ **Comment garder la parole :**

– (Attends...) Laisse-moi	terminer !
– Je peux	finir !

– Tu permets que je termine ?
– Tu me permets de terminer ?
– Je voudrais terminer, s'il vous plaît.

Note : Les trois dernières expressions marquent une certaine impatience.

▶ **Comment terminer une conversation (signaler qu'on va partir) :**

– Bon, eh bien,	je dois m'en aller.	
– Bon, alors, excusez-moi, mais	il faut	que je m'en aille.
		que je parte.
		que je rentre.
	je suis obligé(e) de	m'en aller.
		partir.
		rentrer.

– On se revoit lundi ?
– On se téléphone ?

(Voir aussi « Prendre congé » A2).

A 22 Engager la conversation sur un sujet précis

Dialogue : 1.2

– Je te (vous) dérange ?		(Je voudrais te (vous)
– Je ne te (vous) dérange pas ?		demander un conseil.)
– Est-ce que je peux	te déranger ?	(Je voudrais te (vous)
	te demander	demander ton avis sur...)
	quelque chose ?	
– Excuse-moi de te déranger, mais...		(Tu es (vous êtes) au courant
(excusez-moi de vous déranger)		de ce qui s'est passé hier ?)
– Je peux te (vous) parler ?		(J'ai un petit problème.)
– J'ai besoin de te parler.		

☐ – Je peux prendre quelques minutes de votre temps ?

A23 Bavarder

Dialogues : 9.3 ; 9.6

Si vous faites la connaissance de quelqu'un, par exemple dans un train, à l'hôtel, à la plage, etc., vous allez sans doute bavarder avec lui/elle. Mais vous ne vous connaissez pas très bien. Dans ce cas, il y a des choses que l'on peut dire... et des choses que l'on ne doit pas dire.
Les choses dont on parle dans ces circonstances sont en général assez banales, par exemple la pluie et le beau temps.

▶ **Les choses que l'on peut dire :**
- Il fait chaud, n'est-ce pas ?
- Il va pleuvoir ?
- Encore une journée de neige !
- Quel temps !
○ - Quel sale temps !

- Vous connaissez bien cet endroit ?
- C'est la première fois que vous venez ici ?
- Vous venez ici souvent ?
- Vous êtes en vacances ?
- Vous aimez cette musique ?
- Ça vous plaît, la soirée ?
- Comment trouvez-vous l'ambiance ici ?

Vous êtes espagnol(e)/français(e), etc. ?
Vous êtes étudiant(e)/touriste, etc. ?

▶ **Les choses que l'on ne doit pas dire :**

En général, on évite les questions indiscrètes et les sujets délicats. On ne dit pas :
- Vous êtes marié(e) ?
- Combien vous gagnez ?
- Vous êtes communiste ?
- Vous êtes pour la peine de mort ?

Bien entendu, s'il vous arrive de mieux connaître la personne, vous pouvez aborder certains de ces sujets. Mais faites bien attention !

B1 Demander des informations pratiques

Dialogues : 1.2 ; 2.1 ; 2.2 ; 2.4 ; 3.1 ; 3.4 ; 3.5 ; 4.1 ; 4.2 ; 4.4 ; 4.5 ; 5.1 ; 5.2 ; 6.1 ; 7.2 ; 7.3 ; 7.4 ; 7.5 ; 8.2 ; 8.3 ; 8.5 ; 9.2 ; 9.4 ; 9.5 ; 10.1 ; 10.2 ; 11.2 ; 11.3 ; 11.5 ; 12.1 ; 12.2 ; 12.4 ; 13.2 ; 13.4
Voir aussi 12.5 - *L'enquête*

▶ **Dans la rue à un(e) inconnu(e) :**

– Pardon – Excusez-moi	Monsieur Madame Mademoiselle	pouvez-vous pourriez-vous	me dire... ?
		est-ce que vous pourriez me dire... ?	
		où est... ? à quelle heure... ? comment... ? quand... ? je cherche...	

ON ARRIVE À QUELLE HEURE ?

VERS SEPT HEURES.

DÉPART — ARRIVÉE

▶ **À quelqu'un dont le rôle est de donner des informations**
(une réceptionniste, un vendeur...) :

– Où est | (le rayon du prêt-à-porter), s'il vous plaît ?
– Où se trouve
– Quand est-ce que (la séance commence) ?
– (Est-ce qu') on peut (téléphoner à l'étranger de cette cabine) ?
– Comment est-ce que je fais (pour envoyer un mandat-lettre) ?

▶ **À quelqu'un qu'on connaît :**

– Dis-donc, tu peux me dire (ce que ça veut dire) ?
– Dis, tu ne sais pas (quand il faut avoir terminé ce dossier) ?

B2 Donner des informations pratiques

Dialogues : 1.2 ; 2.1 ; 2.2 ; 2.4 ; 3.1 ; 3.4 ; 4.1 ; 4.2 ; 4.4 ; 4.5 ; 5.1 ; 5.2 ; 6.1 ; 7.1 ; 7.2 ; 7.3 ; 7.4 ; 7.5 ; 8.2 ; 8.5 ; 9.2 ; 9.4 ; 9.5 ; 10.1 ; 10.2 ; 11.2 ; 11.5 ; 12.1 ; 12.3 ; 13.2 ; 13.4

Il y a, bien entendu, un nombre presque illimité d'informations pratiques que l'on peut donner. Nous ne proposons ici que les quelques informations qu'on risque de vous demander souvent, et des phrases utiles pour y répondre.

▶ L'heure :

1. – Vous avez l'heure, s'il vous plaît ?
   – Oui, il est | tout juste 8 heures.
   | midi et demi.
   | sept heures pile[1].

2. – On arrive à quelle heure ?
   – Vers sept heures (je crois).
   – À neuf heures environ.

▶ Le prix de quelque chose :

1. À un vendeur/à une vendeuse :
   – Quel est le prix de | ce..., s'il vous plaît ?
   | cette...
   | ces...

   – Ça coûte combien ?
   – Je voudrais savoir le prix de cette bague, s'il vous plaît.

2. Dans une librairie, deux amis se parlent en feuilletant des livres :
   – C'est combien le bouquin[1] que tu as là ?
   ○ – Ben, c'est marqué trente francs. Il est soldé[2].

3. Deux amies, au cours d'une conversation :
   – Dis-donc, il est joli ton sac. Ça a dû te coûter cher.
   – Ça oui, alors. Je l'ai payé 1 000 francs.

---

1. Sept heures pile = exactement sept heures.
2. ○ Le bouquin = le livre.
3. Soldé = vendu à prix réduit.

▶ **Les directions :**

– Où | est | la gare s'il vous plaît ?
     | se trouve

– Il y a un bureau de poste par ici ?

– (Oui) | vous allez tout droit, | puis
         | vous continuez tout droit,
         | vous suivez cette rue,

vous prenez | la première | rue | à gauche, | ensuite
            | la deuxième | | à droite,

vous continuez | tout droit jusqu' | au Parc Rousseau
vous allez | | au carrefour Rousseau
               | | à la place Rousseau

et | la gare, | c'est | en face |
   | le bureau de poste, | | sur votre | droite.
                                 | | gauche.

vous tombez dessus.
vous y êtes.

Note : Pour indiquer des directions, on peut également utiliser le futur, le futur proche ou l'impératif. (Voir aussi « Donner des instructions » C2.)

▶ **Le pays d'où l'on vient :**

1. – C'est loin ?
   – Oh oui, ça fait à peu près (X) heures de vol de Paris à Bruxelles et de Genève à Montréal...

2. – C'est grand ?

– C'est	beaucoup plus	grand/petit que	la France.
	5 fois plus		la Belgique.
– Ça n'est pas aussi			la Suisse.
			le Québec

   – Et la population ?
   – En France, il y a 54 millions d'habitants, à peu près.

3. – Il fait froid/chaud ?
   – Oh oui !
   – Oh non !
   – Oh, pas tellement.

– Ça dépend de la région.	Au nord	il fait...
	Au sud	
	À l'est	
	À l'ouest	
	Au centre	
	Dans les montagnes	
	Sur la côte	

4. – C'est où exactement,

	Winnipeg ?
	Bucarest ?
	l'Indonésie ?

   – Vous voyez X (nom de ville, de pays très connu) ? Eh bien, ça se trouve à (... kilomètres)

	au nord (-est)	de X.
	au sud (-ouest)	
	à l'est	
	à l'ouest	

5. – Vous y retournez souvent ?
   – Toutes les semaines.
   – Souvent.
   – Rarement.
   – Je n'y suis jamais retourné(e) depuis mon arrivée (ici, en France).

B3 Dire qu'on ne peut pas donner d'informations pratiques

(voir aussi « Dire son ignorance, dire ce qu'on ne sait pas » D3)

Dialogue : 7.3

À RETENIR

Dans la rue, on vous demandera souvent des renseignements. Si vous ne savez pas répondre, vous pouvez dire :
– Je suis désolé(e), je ne suis pas d'ici.

B4 Dire qu'on se souvient/ qu'on ne se souvient pas de quelque chose

(voir aussi « Rappeler quelque chose à quelqu'un » C26)

– Je me souviens (encore)   (d'elle).
– Je ne me souviens plus   (d'eux).
– Tu te souviens (encore)   (des vacances que nous
                                    avons passées ensemble).

| – J'ai un (très) | bon | souvenir |
| | mauvais | |

| – J'ai de (très) | bons | souvenirs |
| | mauvais | |

– Je me rappelle bien   (cette personne).
– Je ne me rappelle plus   (ce film).

À RETENIR

– Tu t'en souviens ?
– Oui, je m'en souviens.
– Non, je (ne) m'en souviens   pas.
                                plus.

TRÈS UTILE !

Quand on a un souvenir vague de quelque chose ou de quelqu'un, on peut dire :

– Oui, | ça | me dit quelque chose.
       | ce nom-là |

– Oui, j'en ai entendu parler...

B5 Dire qu'on comprend/ qu'on ne comprend pas quelque chose

Dialogues : 4.1 ; 4.2 ; 7.2 ; 9.5 ; 10.1 ; 13.1

– Oui, | je comprends.
        | j'ai compris.
– Ah ! Je comprends maintenant !
– Ça y est, j'ai compris !
– Ah ! Voilà !
○ – Ah ! J'y suis !

ATTENTION !

L'expression « Ah bon » ne veut pas dire nécessairement qu'une chose est bonne. Elle signifie simplement « Je comprends », et peut être utilisée pour une mauvaise nouvelle :

– Il n'est pas venu, parce qu'il était malade.
– Ah bon.

Avec une intonation très marquée, « Ah bon ! »/« Ah bon ? » peut indiquer une certaine surprise.

– Je ne comprends | pas très bien.
                | pas du tout.
– Excusez-moi, je n'ai pas très bien compris.
– Je n'ai pas pu suivre[1] (la conférence).
○ – J'ai rien pigé[2] (à ce qu'il a dit).
□ – Excusez-moi, je n'ai pas très bien saisi[3].

1. Suivre = comprendre.
2. ○ Pigé = compris.
3. Saisi = compris.

DEMANDER ET DONNER DES INFORMATIONS

B6 Désigner/caractériser

Dialogues : 3.3 ; 3.4 ; 4.2 ; 11.1

LES OBJETS :

▶ **Désigner un objet que l'on voit :**

Le moyen le plus simple d'identifier un objet que l'on voit est de le montrer d'un geste en utilisant les expressions suivantes :

– Regardez/regarde *ça*.
– *Voilà* la veste que je veux.
– Montrez-moi *ce disque-là*, s'il vous plaît.
– Je prends *cette bouteille-là*.
– *Ces pommes-là*, elles sont mûres ?
– Non, *celui-là* est trop grand.
– Je préfère *celle-là*.
– Je préfère *celle-ci*...

Pour être plus précis, on peut désigner l'objet :

a) En indiquant l'endroit où il se trouve :

– Celui – Celle	de gauche. de droite. d'en haut. d'en bas. du milieu...

b) Grâce à un adjectif utilisé comme substantif :

« Le vert », « Le rouge », « La blanche ».
« Le grand », « La petite », « Les gros ».
« Le premier », « La deuxième à droite ».

c) Grâce à une petite description :

« Le grand immeuble au coin de la rue ».
« La petite maison verte près de la gare ».

TRÈS UTILE !

– Un (deux...) comme ça.
– Un (deux...) de ceux-là.

Ces expressions sont très utiles lorsqu'on veut acheter quelque chose et qu'il y a un très grand choix.

Ainsi dans une pâtisserie, il y a souvent une grande variété de gâteaux dont on ne connaît pas les noms :

– J'en voudrais un comme ça, s'il vous plaît.
– Donnez-m'en deux de ceux-là, s'il vous plaît.

▶ **Caractériser un objet que l'on ne voit pas** (voir aussi « Décrire » B6/B7) :

Dans ce cas, on est obligé d'utiliser :

– un adjectif sous forme de substantif
  ou
– une courte description.

« Le vert », « La grande », « La plus petite », « Les moins chers », « Celui en bois », « Celui avec le collier rouge », « Celle que j'ai achetée », « Les disques que je t'ai prêtés ».

LES PERSONNES :

▶ **Pour désigner une personne que l'on voit :**

– Voilà Jacques.
– C'est Jacques.
– C'est le frère/la sœur de Jacques.

On peut aussi utiliser des adjectifs sous forme de substantifs : « Le grand blond », « La petite brune », « Le barbu » ; et de courtes descriptions :

« La dame aux cheveux bruns ».
« La jeune femme au pull blanc ».
« Le monsieur au costume gris ».
« Le jeune homme aux cheveux frisés ».

ATTENTION !

Des expressions comme « Le vieux », « La vieille », « Le gros »... montrent peu de respect pour la personne ainsi identifiée. Pour être plus poli, on dira plutôt :

– « Le monsieur âgé. »
– « La dame aux cheveux gris. »
– « Le gros monsieur. »

▶ Pour caractériser une personne qui n'est pas présente :

On utilise une courte description, ou l'adjectif sous forme de substantif :

– « Le grand blond qui porte des lunettes. »
– « La jeune Italienne qui est arrivée hier. »
– « Le jeune homme sympa au guichet trois. »

ATTENTION !

Les expressions « Celui-là » et « Celle-là » utilisées en parlant d'une personne qui n'est pas présente ont une connotation fortement péjorative.

– Tu connais Jean-Luc Thibault ?
– Ah, celui-là, je ne peux pas le supporter.
– Et sa copine, Claude ?
– Oh là là, celle-là, ne m'en parle pas !

B7 Décrire les objets et les personnes

(Pour dire comment on doit faire quelque chose.
Voir aussi « Donner des instructions » C2)

Dialogues : 2.1 ; 2.2 ; 2.4 ; 3.1 ; 3.4 ; 4.1 ; 9.4 ; 13.2

Comment décrire un objet quelconque, ou une personne ?

On peut très bien décrire n'importe quel objet (ou personne) avec un nombre relativement limité d'adjectifs. Il suffit de choisir parmi plusieurs catégories.

LES OBJETS :

▶ La couleur :

– C'est rouge, jaune, blanc, vert clair, vert foncé, bleu marine, orange, beige, marron...
– C'est rouge vif, vert pâle, bleu foncé, bleu délavé...

▶ Les dimensions et le poids :

– C'est (très/assez) | grand/gros/petit.
                      | haut/petit.
                      | long/court.
                      | lourd/léger.
                      | large/étroit.

▶ La forme :

– C'est rond, carré, rectangulaire, triangulaire, cylindrique...

▶ L'aspect extérieur, surtout au toucher :

– C'est dur, mou, doux, épineux...
– C'est lisse, rugueux, inégal...

▶ La matière : c'est fait en quoi ?

– C'est en bois, en métal, en argent, en or, en platine, en acier, en marbre, en plastique, en céramique, en laine, en coton, en nylon...

▶ À quoi ça sert ?

– Ça sert à		(sécher des pull-overs).
– C'est pour		(régler les bougies d'une voiture).
○ – C'est un truc[1]	pour	(desserrer les vis coincées).
un machin		

TRÈS UTILE !

Quand on décrit un objet, une technique très utile est de le comparer à quelque chose d'autre :

– C'est comme	(une omelette).
– Ça ressemble à	(un grand lapin).
– On dirait	un grand pain noir.
	de la gelée.
– C'est une sorte de	grand pain noir.
	gelée.

LES PERSONNES :

▶ Les caractéristiques physiques :

– Il	est	(très)	grand(e)/petit(e).
– Elle		(assez)	fort(e)/gros(se)/mince.
		(plutôt)	maigre/solide.
			costaud[2].

---

1. ○ Un truc, un machin = quelque chose.
2. ○ Costaud = fort. (S'utilise uniquement pour un homme.)

– Il – Elle	pèse fait	(à peu près) 70 kilos.

– Il – Elle	mesure fait	(à peu près) 1 mètre 60.

– Il – Elle	a les cheveux	blonds/bruns/noirs/châtains. roux/gris/blancs... frisés/raides... longs/courts.

- Il est chauve/barbu...
- Il a une (petite/grande) moustache/barbe.
- Il/elle a les yeux bleus/noirs/bruns/noisette.
- Il/elle porte des lunettes.

– Il/elle est (très/assez)	jeune. vieux/vieille/âgé(e).

- Il/elle est d'un certain âge (= assez âgé[e]).
- Il/elle a une trentaine (une quarantaine, une cinquantaine, ...) d'années.

▶ **Les vêtements :**

– Il – Elle	porte	un jean. un col roulé. un chapeau gris. des baskets...

▶ **Le caractère :**

– Il – Elle	est	timide. renfermé(e). sympa/pas sympa...
– Il – Elle		parle peu/beaucoup. sourit peu/beaucoup.

- Il/elle est (très) marrant(e)[1]/drôle/gentil(le)...

TRÈS UTILE !

Souvent on identifie une personne par deux caractéristiques seulement. Dans ce cas, la structure de la phrase est normalement la suivante :

– Tu te souviens ? – Tu le/la vois ?	C'est	le jeune homme aux cheveux longs. la jeune fille aux cheveux frisés. le gros monsieur au visage rouge.

---

1. ○ Marrant(e) = drôle.

B8 Parler de son état physique

Dialogues : 11.1 ; 11.2 ; 11.3 ; 11.4 ; 11.5

▶ **Quand vous allez bien :**

– Je vais (très) bien, merci.
□ – Je me porte ⎫ (très) bien.
□ – Elle se porte ⎭
– Je suis ⎫ en (pleine) forme.
– Il est ⎭

▶ **Quand vous allez mal** (vous parlez à un(e) ami(e), à un(e) pharmacien(ne), ou à un médecin) :

– Ça ne va pas bien (du tout).
– Je suis fatigué(e), crevé(e), épuisé(e).
– Je ne suis pas en forme.
– Je suis souffrant(e).
– J'ai mal ⎫ à la tête.
⎪ à la gorge.
⎪ à l'estomac.
⎪ aux dents.
⎪ aux reins.
⎪ au foie.
⎭ au cœur.
– Je ne me sens pas bien.
– Je me sens mal.
– Je me sens faible/fatigué(e).
– Je n'ai pas d'appétit.
– Je digère mal.
– J'ai un rhume/la grippe.
– J'ai de la fièvre.
– Je tousse.
– J'ai pris froid.
– J'ai des palpitations.
– Je me suis blessé(e) à la tête/au bras...
○ – J'ai la crève[1].

▶ **Quand vous allez mieux :**

– Je me sens mieux (merci).
– Je vais mieux.
– Ça va mieux.

---

1. ○ Avoir la crève = avoir un gros rhume, la grippe.

ATTENTION !

Les expressions utilisées en français pour parler de son état physique peuvent parfois être trompeuses. Par exemple, si on vous dit :

– J'ai mal au cœur !

Rassurez-vous, la personne ne pense pas qu'elle va avoir une crise cardiaque. Cette expression indique qu'elle a la nausée et qu'elle risque peut-être de vomir.

« Une angine » signifie normalement une inflammation de la gorge, et non pas un grave problème cardiaque. Pour indiquer une maladie de cœur, on dit : il a le cœur malade, il a des problèmes cardiaques, il a une maladie de cœur ou une angine de poitrine.

Également, si on vous dit :

– J'ai eu une crise de foie hier soir.

Cela ne veut pas dire que la personne a une maladie grave. C'était sans doute un simple problème digestif qu'une petite cure d'eau minérale va guérir.

« Avoir mal aux reins » n'indique pas forcément une maladie néphrétique. « Les reins » sont, dans la langue de tous les jours, la partie inférieure du dos, et non pas l'organe.

▶ **Pour une douleur aiguë et/ou subite :**

– Aïe !	Ma tête !
– Ouille !	Mon pied !...

▶ **Interroger quelqu'un sur son état physique** (si on soupçonne que « Ça ne va pas ») :

– Qu'est-ce que tu as (vous avez) ?
– Qu'est-ce qui ne va pas ?
– Qu'est-ce qu'il y a ?
– Où est-ce que tu as (vous avez) mal ?
– Tu as (vous avez) très mal ? (J'appelle un médecin ?)

ATTENTION !

Quand on dit :

– Ma mère est malade.

Cela peut être une maladie sans gravité ou une maladie grave.

Quand on dit :

– Ma mère est souffrante.

Cela indique clairement que la maladie n'est pas grave et que la personne se remettra bientôt.

TRÈS UTILE !

Si quelqu'un a l'air en forme, on peut lui faire un compliment en disant :

– Tu as bonne mine aujourd'hui !

Si quelqu'un n'a pas l'air en forme, on peut dire :

– Tu n'as pas bonne mine aujourd'hui ! Tu as l'air fatigué(e).

(Cette dernière expression est à utiliser avec prudence.)

B9 Que dire quand on ne connaît pas le nom...

▶ **D'une personne :**

– (Dis donc, hier j'ai vu)	le monsieur	(qui...)
	la dame	(que...)
	la jeune fille	(dont...)
	le jeune homme	
	la femme	
○	le type	
○	le mec[1]	
○	la nana[2]	

▶ **D'une chose :**

○ – (Je voudrais le... euh.. je ne sais pas comment ça s'appelle, mais)

| c'est le (petit) truc | (qu'on utilise pour...). |
| c'est le (petit) machin | (qu'il m'a donné pour...). |

Note : « Le truc » et « Le machin » sont des mots très utiles si vous ne connaissez pas le nom d'une chose. Mais attention, il ne faut pas en abuser ! Trouvez le mot juste si possible.

1. ○ Le mec = l'homme.
2. ○ La nana = la femme (ou la jeune fille).

B 10 Exprimer une opinion
Demander son avis à quelqu'un

(voir aussi « Porter un jugement sur quelque chose » D8
et « Dire qu'on est d'accord/pas d'accord » D4)

Dialogues : 6.4 ; 8.1 ; 9.4 ; 9.5 ; 12.1 ; 13.4

▶ **Exprimer une opinion :**

– Je crois que...
– ..., je crois.
– Je ne crois pas que...
– Je pense que...
– ..., je pense
– Je trouve que...
– À mon avis, ...
– D'après moi, ...
– Pour moi, ...

Si vous voulez exprimer votre opinion avec un peu moins de certitude,
vous pouvez dire :

– J'ai l'impression que | (Pierre ne s'entend pas avec le nouveau
– Il me semble que | chef de service.)
– Cela ne m'étonnerait pas qu'il soit malade.
– Elle a l'air en forme, vous ne trouvez pas ?

▶ **Demander son avis à quelqu'un :**

– Comment vous le/la trouvez ?
– Vous trouvez que (c'est bon/mauvais...) ?
– Qu'est-ce que vous pensez de... (quelque chose/quelqu'un) ?
– Qu'est-ce que vous en pensez ?
– Quel est votre avis ?

Note : Faut-il dire : « Je ne crois pas qu'il vienne » ou « je ne crois pas qu'il viendra » ? Pour que ce soit grammaticalement correct, il faut utiliser le subjonctif. Après le verbe « croire » à la forme négative, en fait, on entend dire les deux. « Je ne crois pas qu'il vienne » exprime davantage le doute que « Je ne crois pas qu'il viendra ».

B 11 Insister

(voir aussi « Rappeler quelque chose à quelqu'un » C26)

Dialogues : 2.3 ; 7.1 ; 8.3 ; 9.1 ; 9.5 ; 10.1

▶ **Quand on a dit quelque chose que l'interlocuteur[1] ne croit pas :**

– (Mais)	je vous assure	que c'est vrai !
	je vous jure	
	je te garantis	
	je te dis	

○ – Sans blague ![2]
○ – Non mais, sans blague !

▶ **Insister sur une réponse négative :**

– Non, vraiment.
– C'est non !
– J'ai déjà dit « Non » !
– Je vous ai déjà dit non, alors n'insistez pas.
– N'insistez pas, c'est inutile.
– Quand je dis « Non », c'est non.
– Ce n'est pas la peine d'insister.
– Inutile d'insister. (C'est toujours non.)

1. L'interlocuteur = la personne à qui on parle.
2. Une blague = une plaisanterie.
   Sans blague = je ne plaisante pas/je dis la vérité.

B12 Exprimer la certitude, la probabilité, la possibilité, l'impossibilité et le doute

Dialogues : 2.4 ; 4.2 ; 4.3 ; 4.4 ; 6.4 ; 7.3 ; 7.4 ; 7.5 ; 8.5 ; 9.4 ; 9.5 ; 11.1 ; 13.1 ; 13.2

▶ **La certitude :**

– C'est | sûr | (qu'elle le sait).
       | certain |

– (Elle le sait), c'est | sûr.
                      | certain.

– Je suis sûr de... (son innocence)
– J'en suis sûr.

– Il est | clair | (que son travail s'améliore).
       | évident |

– (Son travail s'améliore), c'est | clair.
                             | évident.

– Bien sûr, | (vous ne pouvez pas tout faire aujourd'hui).
– Évidemment, |

– Je suis convaincu(e) | (que c'est son écriture).
– Je suis persuadé(e) |

– (C'est son écriture), j'en suis | convaincu(e).
                                 | persuadé(e).

– Oui, sans aucun doute.
☐ – Il est incontestable (que cet homme est innocent).

▶ **La probabilité :**

– Sans doute que (qu') (il s'est perdu).
– (Il s'est perdu) sans doute.
– Il s'est sans doute perdu.
– Tu crois (qu'il s'est perdu ?)
      – Sans doute.
– Il a dû (se perdre).
– Elle doit (être sortie). (J'ai téléphoné, mais elle ne répond pas.)
– Il semble bien | (qu'on lui a dit la nouvelle).
– Il me semble |
☐ – Il semble que (ce tableau ne soit pas de La Tour).

ATTENTION !

« Sans doute » exprime la probabilité. Ne confondez pas avec « sans aucun doute », qui exprime la certitude.

ATTENTION !

Il est très important de distinguer les différents sens du verbe « devoir », qui peut indiquer :

1. L'obligation morale, la nécessité :
– Je dois lui rendre ce livre avant demain.
– Il est arrivé en retard. J'ai dû attendre une demi-heure.

2. Une forte probabilité :
– Tu le vois ?
– Non, mais normalement, il doit être là. (= Il est probablement là.)
  (= Je suis presque certain(e) qu'il est là.)

– Comment, elle est déjà là ?
– Oui, elle a dû partir avant la fin de son cours. (= Elle est sans doute partie avant la fin de son cours.) (= Je suis presque certain(e) qu'elle est partie avant la fin de son cours.)

En général, le contexte indique le sens.

▶ **La possibilité :**

– Tu crois (qu'il connaît la nouvelle ?)
        – C'est bien possible.
– Peut-être que (qu') (il fera beau demain).
– (Il fera beau demain) peut-être.
☐ – Il se peut que (qu')   (il fasse beau demain).
☐ – Il se pourrait que (qu')

ATTENTION !

« Paraître » est un verbe très fréquemment employé pour exprimer la possibilité. Mais, il a deux sens bien distincts selon la structure utilisée :

  – Il paraît malade. (= Il a l'air malade.)
  – Il paraît qu'il est malade. (= On dit qu'il est malade.)
○ – Paraît qu'il est malade.

▶ L'impossibilité :

– Tu crois (qu'il pourra faire ce travail avant ce soir ?)
– Non, ce n'est pas | possible
○ – C'est pas |
– C'est exclu.
□ – Il est exclu (qu'il fasse partie de notre équipe de travail).
□ – Il m'est | impossible de (faire tout cela avant ce soir).
□ – Il lui est |
□ – Il est impossible | (qu'il y ait une erreur dans ces chiffres).
□ – Il n'est pas possible |

▶ Le doute :

Pour exprimer le doute, on utilise surtout :

– Je ne (le) crois pas.
– Je ne (le) pense pas.
– Je ne crois pas | qu'il vienne.
– Je ne pense pas |
– Ça m'étonnerait |

ATTENTION !

Ne confondez pas « douter » et « se douter », qui ont des sens presque opposés :

– Je doute qu'il vienne. (= Je ne pense pas qu'il vienne).
– Il est venu ? Je m'en doutais. (= J'étais presque sûr(e) qu'il viendrait.)

B13 Dire/demander ce qu'on peut faire/ ce qu'on ne peut pas faire

Dialogues : 5.2 ; 7.4 ; 7.5 ; 8.2 ; 11.3 ; 12.2

▶ Possibilité/impossibilité :

(Voir aussi « Exprimer la certitude, la probabilité, la possibilité, l'impossibilité et le doute » B12) :

– (Oui)	je peux	venir demain.
		vous aider.
	ça me paraît possible.	
	c'est faisable.	

– (Non)	je ne peux pas	venir demain.
– (Je suis désolé[e])		vous aider.
	ce n'est pas possible.	
	ça me paraît impossible.	

▶ Capacité/incapacité (physique ou intellectuelle) :

– (Oui), je	suis capable de	(m'occuper d'elle tout seul).
	peux	
– (Oui), je	suis assez en forme pour	(faire cette promenade).
	peux	

– (Non)	je suis incapable de (traduire ce texte).
– (Je suis désolé[e])	je ne suis pas assez en forme pour
	(faire partie de l'équipe).
	je n'y arrive pas.

▶ Demander ce qu'on peut faire (possibilité/permission) :

– (Est-ce que/qu')	je peux	(manger ici ?)
	on peut	(sortir par là ?)
	je peux	(m'inscrire en troisième année ?)
	j'ai le droit de	

– Est-ce qu'il serait possible d'ouvrir la fenêtre ?

Réponses :

| Oui, vous pouvez | (le faire). |
| vous avez le droit de | |

| Non, vous ne pouvez pas | (le faire). |
| vous n'avez pas le droit de | |

B14 Dire ce qu'on sait faire/ ce qu'on ne sait pas faire

Dialogues : 8.2 ; 8.6 ; 10.2 ; 12.1

▶ Dire ce qu'on sait faire :

– Je sais (très bien)	(conduire).
	(nager).
	(jouer de la guitare).

○ – (La mécanique), je m'y connais.

– Je suis	très doué(e)	(pour les maths).
– Il est		(pour les affaires).
– Elle est		

– Il est	fort(e)	en français.
– Elle est		en gym.

▶ Dire ce qu'on ne sait pas faire :

– Je ne sais pas (du tout)	(conduire).
	(nager).
	(jouer de la guitare).

○ – (La mécanique), je n'y connais rien.

– Je ne suis pas	très doué(e)	(pour les maths).
– Il n'est pas		(pour les affaires).
– Elle n'est pas		

○ – Il est nul	en latin.
○ – Elle est nulle	

ATTENTION !

Ne confondez pas « Je ne peux pas » et « Je ne sais pas ».

– Je ne sais pas nager (parce que je n'ai pas appris).
– Je ne peux pas nager (parce que j'ai mal aux oreilles).

C 1 Demander à quelqu'un de faire quelque chose

(voir aussi « Demander à quelqu'un de se taire » C28 ;
« Se débarrasser de quelqu'un » C29)

Dialogues : 2.3 ; 2.4 ; 3.1 ; 4.5 ; 5.1 ; 5.3 ; 6.2 ; 7.5 ; 8.4 ; 8.6 ; 9.1 ; 9.5 ; 11.2 ; 12.1

▶ Demander quelque chose (à table) :

– Pardon, vous pouvez me passer le sel, s'il vous plaît ?
– Passez-moi le sel, s'il vous plaît.
– Vous me passez le sel, s'il vous plaît ?
– Tu me passes le sel, s'il te plaît.

☐ – Voudriez-vous	me passer le sel, s'il vous plaît ?
☐ – Pourriez-vous	
☐ – Pourriez-vous	me donner...
	m'apporter...

▶ Demander un petit service :

– Vous voulez bien[1] ouvrir la fenêtre, s'il vous plaît ?
– Pardon, vous pourriez ouvrir la fenêtre, s'il vous plaît ?

▶ Demander un service, demander de l'aide :

☐ – Pardon, Monsieur, est-ce que vous pourriez (m'aider à mettre cette valise dans le porte-bagages ?)

– Pardon, est-ce que vous pouvez m'aider ?

☐ – Excusez-moi, Madame, est-ce que vous auriez la gentillesse de (surveiller ces valises deux ou trois minutes. Je dois aller téléphoner).

On peut également annoncer la demande :

| – Excusez-moi | Monsieur, | j'ai un problème. Est-ce que... |
| | Madame, | |

▶ Demander un service qui va peut-être déranger autrui[2] :

☐ – Excusez-moi de vous déranger, mais est-ce que vous pourriez (m'expliquer ce que je dois faire pour établir mon dossier de sécurité sociale ?)

---

1. Distinguez « vouloir bien » (accepter) de « vouloir » :
– Vous voulez bien fermer la porte ?
– Oui, je veux bien.
2. Autrui = une autre personne.

☐ – Cela me gêne beaucoup de vous demander ceci, mais

    est-ce que vous auriez la gentillesse de
    est-ce que vous pourriez

        (me prêter votre voiture à midi ? La mienne est
        en panne et il faut absolument que je...)

☐ – Pardon, Monsieur/Madame, je me trouve dans une situation embarrassante.

Auriez-vous la gentillesse de   (téléphoner de ma part au Consulat
Pourriez-vous   du Canada ? J'ai perdu mon
                              portefeuille et mon passeport.)

► **Demander à quelqu'un de faire quelque chose dans une situation de conflit :**

Essayer d'adopter un ton plutôt froid et ferme :

– Madame, vous ne pourriez pas baisser le son de votre télévision, s'il vous plaît ?
– Monsieur, il est interdit de fumer ici.
– Monsieur, vous pouvez emmener votre chien ailleurs ? Vous voyez bien qu'il dérange tout le monde.

À RETENIR

EN CAS D'URGENCE.

Pour demander de l'aide, si vous êtes dans une situation dangereuse. Vous êtes bloqué(e) dans un ascenseur, par exemple :

– Au secours !
– Aidez-moi !

Si quelqu'un a volé votre sac dans une gare :

– Au voleur ! Arrêtez-le !

C 2 Donner des indications, des instructions, des ordres

(voir aussi « Refuser la permission » C20 ;
« Défendre, interdire » C21)

Dialogues : 3.2 ; 4.1 ; 4.3 ; 5.1 ; 5.2 ; 6.2 ; 6.3 ; 7.1 ; 7.4 ; 9.4 ; 10.2 ; 11.2 ; 12.1 ; 12.3 ; 13.1 ; 13.2 ; 13.3

▶ Donner des indications, des instructions :

a) – Suivez cette rue, puis tournez à gauche...
   – Mettez une pièce de deux francs, puis appuyez sur le bouton...
   – Prenez cent grammes de beurre et faites-le fondre dans une casserole...

b) – Vous prenez la deuxième rue à droite, puis vous continuez...
   – Vous branchez l'appareil, puis vous sélectionnez la vitesse...
   – Tu branches l'appareil, comme ça, puis tu appuies sur le bouton, là...

c) – Il faut d'abord mettre la lessive, puis sélectionner la température de l'eau...
   – Il faut faire bouillir l'eau avant de mettre les pâtes...
   – Il n'y a qu'à téléphoner avant midi.

d) – Je vous explique comment faire pour déboucher votre évier. Vous allez acheter de la soude caustique et une ventouse. Vous mettez la soude caustique dans l'évier, puis vous versez de l'eau bouillante...
   – Tu iras directement à l'école et tu remettras ce mot tout de suite à ton professeur. Compris ?

e) Pour donner des instructions polies, on utilise les structures d'une invitation :
   – Vous voulez passer à table ? (= À table !)
   – Vous voulez vous mettre là ? (= Mettez-vous là !)

▶ Donner des ordres :

– Tapez cette lettre et trouvez-moi le dossier « Laroche », s'il vous plaît.
– Je veux que vous portiez ces paquets tout de suite à la poste.
– Vous allez me faire trois photocopies du contrat, s'il vous plaît.
– Dépêchez-vous !

ATTENTION !

Dans la vie professionnelle, surtout dans les bureaux ou l'administration, les ordres sont souvent donnés sous forme de demande :

- Mademoiselle Maréchal, vous voulez me chercher le numéro de téléphone de la maison « Satis », s'il vous plaît ?
- Monsieur Leconte, vous voulez bien prendre un rendez-vous avec Madame Guibaud pour vendredi matin ?

TRÈS UTILE !

Souvent les instructions et les ordres se réduisent à quelques mots :

- Plus haut ! Plus fort ! À gauche !...
- Pas si vite ! Pas là-bas !...
- À table !

C 3 Acheter/Commander

Dialogues : 3.1 ; 3.2 ; 3.3 ; 3.4 ; 3.5 ; 5.1 ; 6.1 ; 6.4 ; 7.3 ; 7.5 ; 9.1 ; 9.4 ; 10.2 ; 11.1

Dans les magasins, les cafés, les restaurants, les bureaux des services publics...

▶ **Demander ce que le client, (la cliente) veut :**

– Monsieur ?
– Madame ?
– Mademoiselle ?
– Vous désirez ?
– Vous cherchez ?
– Qu'est-ce que vous désirez ?
– Qu'est-ce que je vous sers ? (au café ou au restaurant)
– Je vous écoute.
– Oui ?

○ – Qu'est-ce | qu'il <br> qu'elle | veut | ce Monsieur ?
 ce jeune homme ? (pour un garçon)
 cette dame ?
 cette jeune femme ?

– Il vous faut autre chose ?
– Ce sera tout ?

▶ **Dire ce qu'on veut :**

Pour demander/commander quelque chose dans une situation de ce genre, il suffit souvent de dire le nom, d'identifier ou de décrire la chose.

(Voir aussi « Désigner, caractériser » B6, « Décrire » B7 et « Que dire quand on ne connaît pas le nom ? » B9).

– Un kilo de pommes, s'il vous plaît.
– Une baguette.
– Trois aérogrammes, s'il vous plaît.
– Du papier quadrillé, s'il vous plaît.
– Un de ces petits blocs-notes là-haut, à droite...

On peut dire aussi :

a) Dans un magasin :

– Donnez-moi
 – Il me faut | une cassette vidéo | s'il vous plaît.

b) Au café/restaurant :

– Je voudrais		(un steak-frites).
– Moi,	je prends	(une crème caramel).
	je vais prendre	(un grand crème).
– Donnez-moi		(une bière...).

Si on n'est pas sûr de trouver ce que l'on veut acheter ou commander :

Réponses :

– Est-ce que vous avez... ?	– Oui. (Bien sûr.)
– Avez-vous... ?	– Non, on ne le fait pas.
□ – Est-ce que vous auriez...	– Non, il n'y en a plus.
	○ y en a plus.

Si ce que vous voulez acheter n'est pas disponible, ou s'il ne reste plus du plat que vous avez commandé, vous répondez :

– Tant pis.	(Alors, je prends autre chose. Avez-vous... ?)
	(Est-ce que vous savez où je pourrais en trouver ?)

S'il faut interpeller une vendeuse ou un garçon avant d'être servi.

– Madame, Mademoiselle, s'il vous plaît ! (Je voudrais une tarte aux pommes.)
– Monsieur ! (Un express, s'il vous plaît.)

▶ **Demander le prix :**

a) Dans un magasin, au marché :

– Ça coûte combien ?
– C'est combien, les bananes ?
○ – C'est combien, ça ?
□ – Vous pourriez me dire le prix de... ?

D'autres expressions utiles :

Le (la) commerçant(e) : Voilà les pommes. Et avec ça ?
Le (la) client(e) : C'est tout. Ça fait combien ?

Le (la) commerçant(e) : Alors, ça vous	fait	35 francs.
	fera	

Le (la) client(e) (lui montrant un billet de 500 francs) : Vous avez la monnaie de 500 francs ?
Le (la) commerçant(e) : Oui, Monsieur (Madame)...

b) Dans un restaurant, un café, après avoir mangé, consommé :

– L'addition, s'il vous plaît.
– Je vous dois combien ?
– Ça fait combien ?

À RETENIR

Au restaurant, après avoir mangé :
– L'addition, s'il vous plaît.
Au café, après avoir pris une boisson, un sandwich, ...
– Je vous dois combien ?
Vous pouvez également utiliser cette expression avec un médecin, un plombier, etc.

C4 Conseiller

Dialogues : 3.5 ; 5.2 ; 6.1 ; 7.2 ; 7.3 ; 8.1 ; 8.4 ; 10.2 ; 11.1 ; 11.2 ; 11.4 ; 13.2

– Allez-y[1] (Vas-y) tout de suite.
– Répondez (Réponds) par télégramme.
– Je vous (te) conseille (d'y aller).
– Vous devriez (Tu devrais)   (partir de bonne heure).
– Il faut
– Il | vaut | mieux
     | vaudrait |

– Vous feriez (Tu ferais) | bien | (de lui en parler).
                          | mieux |

– Si j'étais toi,   (je l'achèterais).
– Si j'étais à ta place,
– (Moi), à ta place,

– Vous n'avez qu'à | (le jeter, ce billet. Il n'est plus valable).
○ – Il n'y a qu'à | (prendre un taxi. Il n'y a plus d'autobus).

– Si tu veux un conseil (n'accepte pas cette invitation).

☐ – Si je peux me permettre de vous donner un conseil, (ne lui dites pas que vous avez travaillé pour son concurrent).

---

1. L'impératif est très fréquemment employé pour donner des conseils, surtout entre amis.

C5 Déconseiller

Dialogues : 5.2 ; 11.1

En général, on transforme à la forme négative les structures utilisées pour conseiller :

– N'y allez pas. (N'y va pas.)
– Ne répondez pas (à cette lettre).
– Je ne vous conseille pas d'y aller.
– Je vous déconseille d'y aller.
– Il ne faut pas (y aller)...

Dans un contexte un peu plus intime, pour donner un conseil amical, on peut dire :

– Tu aurais tort		(de lui dire ça).
– Ce serait bête		
– Ce n'est pas	le moment.	
○ – C'est pas	la peine.	

Pour déconseiller et avertir :

– Tu n'as pas intérêt à (lui parler de cette affaire).

À RETENIR

Pour déconseiller à quelqu'un de faire une chose qui n'est pas vraiment nécessaire, on dit :

| – Ce n'est pas | la peine. |
| ○ – C'est pas | |

– Ce n'est pas la peine de réserver. Il n'y a jamais beaucoup de monde le mardi soir.

Note : Une fois l'action accomplie, surtout quand quelqu'un a commis une erreur, on peut toujours donner son avis :

| – Tu aurais dû | (suivre ses conseils.) |
| – Vous auriez dû | |

– Tu es arrivée en retard ? Ça ne m'étonne pas avec toute cette circulation. Tu aurais dû prendre le métro.

– Vous n'avez pas trouvé l'adresse ? Vous auriez dû emprunter mon guide. La prochaine fois, je vous conseille de le prendre.

C6 Proposer de l'aide

Dialogues : 3.5 ; 4.3 ; 8.6 ; 9.2 ; 9.3 ; 10.2 ; 11.3

- Je peux | | (vous aider ?)
- Je pourrais | ○ | (vous donner un coup
- Si vous voulez, | je peux | de main ?)
| | je pourrais | (vous accompagner ?)
- Si cela peut vous rendre service, je veux bien m'en charger.
- Je vous accompagne ?
- Tu veux que je t'accompagne ?
- Vous voulez que (j'en parle au directeur ?)
○ - Je vous donne un coup de main ?

C7 Accepter une offre d'aide

Dialogues : 8.6 ; 9.2 ; 9.3 ; 10.2

- (Oui,) | avec plaisir.
| | c'est très gentil, merci.
| ○ | c'est sympa, merci.

C8 Refuser une offre d'aide

- Ça va, merci[1].
- Merci, | je peux le faire moi-même.
| | je me débrouillerai.
- C'est très | gentil, mais (j'ai presque terminé).
| | sympa.

1. Merci = voir la note de la page 27.

C9 Proposer un service

Dialogues : 2.1 ; 3.2 ; 3.3 ; 4.1 ; 4.5 ; 7.5 ; 12.1

Par exemple, un(e) commerçant(e) à un(e) client(e) :
– Qu'est-ce que je peux faire pour vous ?
– Vous voulez | un renseignement ?
– Je peux vous donner |
– Je vous fais un paquet-cadeau ?
– Je vous coupe cette viande en morceaux ? (chez le boucher)
– Voulez-vous une livraison à domicile ?...

C10 Accepter une offre de service

Dialogues : 3.2 ; 3.3 ; 4.1 ; 4.5

– (Oui,) s'il vous plaît.
– Merci, vous seriez très gentil(le).
□ – Oui, c'est très aimable | de votre part.
| à vous.

C11 Refuser une offre de service

Dialogues : 2.1 ; 3.2 ; 4.1

– (Non,) | merci.
| ça va, merci.
| ce n'est pas | nécessaire.
○ | c'est pas |
| ce n'est pas la peine.

À RETENIR

Si on ne veut pas refuser catégoriquement, on peut dire :
– Je vais réfléchir.
– Je vais voir.
– Je reviendrai.
Ces expressions sont surtout utiles quand on propose de vous vendre/de vous louer quelque chose et que le vendeur/l'agent est très insistant.

C12 Suggérer : proposer de faire quelque chose ensemble

(voir aussi « Inviter » A7 et surtout l'encadré « Attention »)

Dialogues : 1.2 ; 1.3 ; 5.3 ; 8.6 ; 9.5 ; 12.3

– On va au cinéma ?

| – Si on allait prendre | ○ | un verre ? |
| | | un pot ? |

– Si tu veux,	on peut	(aller au cinéma.)
	on pourrait	(louer une voiture.)
– Ça te dirait de (d')		(d'aller à un concert ?)

| – Tu veux | (qu'on dîne ensemble ?) |
| – Vous voulez | |

C13 Accepter/Refuser la suggestion

(voir « Accepter une invitation » A8
et « Refuser une invitation » A9)

Dialogues : 1.2 ; 1.3 ; 1.4 ; 5.3 ; 9.5

À RETENIR

Pour suggérer à une ou plusieurs personnes de partir ou de commencer quelque chose, on dit souvent :

– (Alors) on y va ?

Réponse :

– (Oui)	allons-y.
	on y va.
	d'accord.

C14 Suggérer : proposer à autrui de faire quelque chose lui-même

(voir aussi « Conseiller » C4)

– Je vous	conseille de suggère de	(lui passer un coup de fil).
– Tu peux – Tu pourrais		(le revendre). (leur en parler).
– Tu ne veux pas – Tu as pensé à – Pourquoi ne pas		l'inviter ?

C15 Accepter une suggestion

Dialogue : 9.5

- Tiens ! C'est une bonne idée.
- Bonne idée. (C'est ce que je vais faire.)
- D'accord.
- Pourquoi pas ?
- □ C'est une excellente idée.

C16 Refuser une suggestion

– Non, ○	c'est pas ce n'est pas	une bonne idée.
– Non,	je ne veux pas... je ne peux pas...	
– Merci de ton conseil, mais...		
– Non, ○	c'est pas ce n'est pas	possible.

- Ça me paraît difficile.
- Quelle idée !
- □ Vous n'y pensez pas ! | (= Votre suggestion est stupide.)

(Voir aussi « Dire à autrui que ça ne le concerne pas. » D32).

C17 Fixer un rendez-vous

Dialogue : 8.6 ; 11.5 ; 12.2 ; 12.3

► **Chez le médecin, chez le dentiste... :**

a) – Je voudrais | voir | le docteur X, s'il
      | prendre un rendez-vous avec | vous plaît.

 – Est-ce que vous pourriez me donner un rendez-vous avec le Docteur X, s'il vous plaît ?

b) – Je pourrais venir, soit lundi matin, soit mardi dans l'après-midi.

c) – Mardi à onze heures ? | – Non, je suis désolé(e), je ne suis pas libre à cette heure-là.
 | – Ah non, je suis pris(e) à cette heure-là.
 | – Ça va.
 | – Oui, d'accord.

► **Avec un(e) ami(e) :**

a) – Alors, quand est-ce qu' | on se voit ?
 | on peut se voir ?
 | on pourrait se voir ?

b) – Mardi à 15 heures, | tu es libre ?
 | ça te va ?
 | ça t'arrange ?
 | ça te convient ?

c) – Non, | je ne suis pas libre.
 | je suis pris(e) à cette heure-là.
 | j'ai un rendez-vous avec X à cette heure-là.
 | j'ai un cours | à cette heure-là.
 ○ | j'ai du boulot |

 – Oui, | je suis libre.
 | ça me va.
 | ça m'arrange.
 | ça me convient.
 | d'accord.

d) – Bon, alors,

| on se retrouve | (mardi, à 15 heures au |
| on se donne rendez-vous | Café du Commerce ?) |

e) – Entendu. ○ | (N'oublie pas, hein ?)

(Ne t'en fais pas.
Je n'oublierai pas.)

– D'accord. ○ | (Sans faute, hein ?)

(Oui, sans faute.
Ne t'inquiète pas.)

C18 Demander la permission

Dialogue : 2.2 ; 3.3 ; 4.4 ; 5.1 ; 12.5

– (Est-ce que) | je peux | (vous laisser mes clés ?)
| je pourrais | (utiliser votre téléphone ?)

– J'aimerais | (partir avant 6 heures).
– Je voudrais |

– Vous permettez que je fume ?
– Vous me permettez de fumer ?

– Ça ne | te dérange pas | (que je parte avant la fin ?)
○ – Ça | t'embête pas | (si je fume ?)

□ – Puis-je me permettre (d'emprunter votre stylo ?)

C 19 Donner la permission

Dialogue : 2.2 ; 3.3 ; 5.1

– Oui...	Bien sûr !
– (Mais...)	Certainement !

– Bien sûr que oui !
– D'accord.

Note :
Si la question est à la forme négative :

– Ça ne t'embête pas si j'invite Marie-Christine ?

On répond :

– Mais non, pas du tout !
– (Mais) bien sûr que non ! (= ça ne m'embête pas.)

C 20 Refuser la permission

– Je suis désolé(e), mais
– Je suis vraiment désolé(e), mais (ce n'est pas possible).

– Non, je regrette. (Tu ne sortiras pas ce soir).
– Mais non.
– Mais non, pas question.
– (Oui/non/si) ça m'embête.
– (Oui/non/si) cela (ça) me dérange.
☐ – Il n'en est pas question.

Note :
Si la question est à la forme négative :

– Ça ne te dérange pas si je fume ?

On répond :

– Si, la fumée me dérange.

TRÈS UTILE !

Si on refuse la permission et que l'interlocuteur insiste, on peut dire :

  – Je vous ai déjà dit non !
  – C'est non !
  – N'insistez pas ! Ce n'est pas la peine !
  – Quand je dis non, c'est non !
○ – Vous êtes sourd(e), ou quoi ? (à utiliser avec prudence.)

C 21 Défendre/Interdire

Dialogue : 6.2

▶ Dire à quelqu'un de ne pas faire quelque chose :

On utilise surtout l'impératif à la forme négative :
– N'ouvrez (N'ouvre) pas cette lettre ! (C'est personnel.)

On peut dire aussi :
– Tu ne dois pas (lui parler sur ce ton).
– Je ne veux pas (que tu sortes ce soir).
– Vous n'avez pas le droit (de me parler comme ça).

Quand on parle à un enfant :
– On ne (parle pas la bouche pleine).
– Il ne faut pas (mettre les coudes sur la table).
– (Il n'est) pas question (que tu regardes la télé ce soir).
– Je te défends (d'ouvrir ce placard).
– Je t'interdis (de parler comme ça à ta petite sœur).
– (Ne parle pas la bouche pleine,) ça ne se fait pas !

▶ Les avis au public :

– Il est (formellement) interdit (d'ouvrir les portes avant l'arrêt du train).
– Défense | (d'entrer).
          | (de fumer).
– Accès interdit.
– Prière de ne pas (fumer).
– Vous êtes priés de ne pas (quitter la salle avant la fin du concert).

C 22 Promettre

Dialogues : 2.3 ; 3.2 ; 5.3 ; 11.4

– Je vous assure (que je n'oublierai pas).
– Je te promets │ (que j'arriverai à l'heure).
              │ (de venir).
– Je te jure (que je t'écrirai).
– (Je viendrai te donner un coup de main)   je te (le) promets.
                                               compte sur moi.
– (Je passerai te voir mardi)   ○   sans faute.
                                         ○   c'est promis.
                                         ○   c'est juré.

– D'accord,   │ (je te rends tes notes lundi).
○ – Promis, juré, │

Si on ne veut pas faire une promesse ferme, on peut dire :
– Je vais essayer (de terminer ce travail pour demain).
– Je vais voir (si je peux le faire).

Pour promettre de ne pas recommencer une mauvaise action, les enfants disent :
– Je ne le ferai plus,   │ je te le promets.
– Je ne recommencerai plus,   │ je te le jure.

C 23 Rassurer (voir aussi « Promettre » C22)

Dialogues : 2.3 ; 7.1 ; 13.4

Pour assurer à quelqu'un que quelque chose va bien se terminer ou que vous allez faire quelque chose :

– Rassure-toi !/Rassurez-vous !   (il y aura encore
– Ne t'inquiète pas !/Ne vous inquiétez pas !   des places).
– Ne t'en fais pas !/Ne vous en faites pas !   (je ne vais pas
– N'aie pas peur/N'ayez pas peur !   oublier).
                                               (je m'en occupe).

– Je te promets │ (que je le ferai).
– Je t'assure   │ (que tout se passera bien).

– Fais-moi confiance !/Faites-moi confiance !

À RETENIR

Quand vous voulez rassurer quelqu'un qui s'inquiète des résultats d'une action, par exemple, si on a cassé un objet chez vous, si on a oublié de faire ou d'apporter quelque chose, vous dites :
- Ça ne fait rien ! (= C'est sans importance.)
- Ce n'est pas grave.

À RETENIR

Pour rassurer quelqu'un et pour se montrer optimiste, on peut dire :
- Ne t'en fais pas ! Il n'y aura pas de problèmes ! Ça ira ! (= Ça se passera bien.)

C 24 Encourager

Dialogues : 8.4

▶ **Encourager quelqu'un qui hésite ou qui a peur de faire quelque chose :**

- Allez-y !/Vas-y !
- (Allez-y !)/N'ayez pas peur !
- (Vas-y !)/N'aie pas peur !
- N'hésitez pas ! N'hésite pas !
- Allez !
- Allez, du courage !
- Un peu de courage !

▶ **Encourager quelqu'un qui est en train de faire quelque chose de difficile :**

- Plus fort !
- Plus vite !
- Vas-y. Allez !
- Encore un petit effort !
- Ça y est | presque !
- Tu y es |

C 25 Exprimer la nécessité/l'obligation de faire quelque chose

Dialogues : 2.4 ; 3.1 ; 7.4 ; 9.1 ; 10.1 ; 11.2 ; 13.4

– Je dois[1]
– Je suis obligé(e) de ○ | (m'en aller).
| (filer[2]).
| (terminer ce travail).

– Il faut que je | (parte).
| (m'en aille).
○ | (file).

– Il faut que tu | (partes).
| (t'en ailles).
○ | (files).

ATTENTION !

Il faut + infinitif

Il faut partir.

Ici, la structure grammaticale n'indique pas qui doit partir. Il s'agit d'une obligation impersonnelle. S'il y a risque d'ambiguïté, on peut préciser qui doit partir en utilisant « Il faut que » + le subjonctif :

– Il faut que | je parte.
| tu partes.
| nous partions.
| vous partiez...

TRÈS UTILE !

Les adjectifs « obligatoire » et « facultatif/facultative » sont assez fréquemment employés, surtout dans l'administration, pour indiquer si on est obligé ou si on n'est pas obligé de faire quelque chose :

– La réservation est obligatoire dans les trains à grande vitesse (TGV) et le Trans Europe Express (TEE).

(= On ne peut pas y monter si on n'a pas réservé.)

– Pour le diplôme X, le cours de grammaire est obligatoire, mais le cours de traduction est facultatif.

---

1. Je dois/j'ai dû : voir le 2e encadré « ATTENTION » page 49 sous « Exprimer la certitude, la probabilité... » B12.
2. ○ Filer = partir.

C 26 Rappeler quelque chose à quelqu'un

Dialogues : 6.2

▶ **Si quelqu'un a oublié, ou risque d'oublier un rendez-vous, un devoir... :**

– Je te rappelle que (qu')   (tu me dois 100 francs).
– N'oublie pas que (qu')   (on a rendez-vous avec le prof
– Tu te souviens que (qu')   cet après-midi).
– Il me semble bien que (qu')   (la réunion de ce soir
○ – Dis donc, tu n'oublies pas que (qu')   est reportée à jeudi).
□ – Si j'ai bonne mémoire,

▶ **Quand on a demandé quelque chose et que l'autre personne n'a pas réagi, n'a pas entendu ou semble avoir oublié :**

Devant un guichet. Dans un café...

– Pardon, mais j'ai demandé...
– Dites, on a demandé... Vous n'avez pas oublié ?

– Dites donc, j'ai demandé...   Vous voulez bien me le donner ?
                                     Vous n'avez pas entendu ?

▶ **Quand on connaît la personne :**

– Dis donc, je t'ai dit qu'(il fallait se dépêcher).
– Tu n'oublies pas que (c'est à ton tour de faire la vaisselle) ?

C 27 Avertir/Prévenir/Mettre en garde

Dialogues : 7.1 ; 7.4 ; 11.1 ; 11.2

– Je te signale que
– Je te préviens que
ce n'est pas facile.

– Attention !
– Fais/faites attention !
○ – Fais/faites gaffe !

(aux voitures).
(aux avalanches).

FAIS GAFFE !

ATTENTION !

Ne confondez pas :

○ – Faire gaffe (= Faire attention)

et

○ – Faire une gaffe. (= Commettre une maladresse)

– J'ai fait une gaffe et elle est partie en colère.

À RETENIR

Si vous voulez avertir quelqu'un d'un danger, criez :

– Attention ! (à la voiture) !
(aux feux[1]) !

1. Les feux = les feux qui règlent la circulation.

C 28 Demander à quelqu'un de parler moins fort, de se taire

Dialogue : 6.2

▶ **Demander à une ou plusieurs personnes de parler moins fort/de se taire :**

Dans un endroit public, au cinéma, au théâtre... :

– Pardon, Monsieur/Madame, est-ce que vous pourriez parler un peu moins fort, s'il vous plaît ?
– Ne parlez pas si fort, s'il vous plaît !
– Pas si fort ! Je n'entends rien !
– (Un peu de) silence ! (s'il vous plaît)
– Chut !

Note : On entend aussi des expressions comme :
○ – Ferme-la ! (= Ferme ta gueule.)
○ – Ta gueule !/Vos gueules !

Ces expressions sont assez vulgaires et dénotent une certaine agressivité. Vous allez sans doute les entendre, mais il vaut mieux ne pas les utiliser.

▶ **À des personnes qu'on connaît bien, surtout à des enfants :**

– Chut ! (Je n'entends pas.)
– Tais-toi !
– Taisez-vous ! (l'instituteur s'adressant à ses élèves, par exemple...)

ATTENTION !

L'expression « Tais-toi !/Taisez-vous ! » ne signifie pas toujours qu'il faut arrêter de parler. Elle peut signifier « N'en parle pas. »

– (Il) Paraît qu'il y a eu une manifestation au centre ville, hier soir.
○ – Tais-toi ! Tais-toi ! J'y étais ! J'ai failli me faire écraser par un car de police !

C 29 Se débarrasser de quelqu'un

Dialogue : 8.3

Que faire quand quelqu'un vous aborde dans la rue, dans un café, dans un train... vous harcèle de questions et ne veut pas s'éloigner même si vous ne répondez pas ?

Dites froidement :

– Laissez-moi tranquille, s'il vous plaît.
– Vous m'embêtez. Laissez-moi tranquille.
○ – Fichez-moi la paix !
○ – C'est pas fini, non ?

– Laissez-moi tranquille !	sinon, je vais appeler	un agent (de police).
○ – Fichez-moi la paix !		le contrôleur.

– Si vous continuez, je vais appeler	un agent.
	le contrôleur.

– Ça suffit, maintenant !

VOUS M'EMBÊTEZ, FICHEZ-MOI LA PAIX !

C 30 Demander de répéter

Dialogues : 2.2 ; 4.3 ; 10.1

▶ Quand on ne comprend pas :

– Comment ? | (Je n'ai pas bien entendu.)
– Pardon ?

– Qu'est-ce que vous dites ?
– Vous pouvez répéter, s'il vous plaît ?

○ – Quoi[1] ?
○ – Hein[1] ?

▶ Si on entend mal le nom d'une personne, d'un lieu, etc. :

– Pardon ?
– Qui ?
○ – Qui ça ?

– Où/Où ça ?

– Quand ?/Quand ça !
□ – À quelle heure dites-vous ?
– Comment ?/Comment ça ?
□ – Comment avez-vous dit ?

– Le quoi ?/Le combien ?

– Tiens, Gunnar est passé hier.
□ – Qui ça ?

– Il est allé à un congrès à Tbilisi.
– Où ça ?

– Il va falloir démonter le carburateur.
○ – Le quoi ?
□ – Comment avez-vous dit ?

Note : « Comment ça ? » implique aussi quelquefois qu'on demande une explication. (Voir Dialogue 4.3).

▶ Si on croit avoir mal entendu, on peut toujours vérifier :

– Vous m'avez bien dit | (2 000 francs) ?
| (trois heures) ?

– C'est bien | (la deuxième porte à gauche), non ?
| (la première cabine, n'est-ce pas ?)

---

1. « Quoi ? » « Hein ? » s'adressent à des personnes qu'on connaît. Ces expressions sont considérées quelquefois comme peu polies.

D1 Répondre « oui »

(voir aussi « Insister » B11 ; « Dire qu'on est d'accord » D4 ;
« Dire que l'interlocuteur a raison » D5)

Dialogues : 4.2 ; 12.2

▶ À une question affirmative :

– *Jeanne est venue ?*
– Oui.
– Oui, oui.
– Mais oui !
– Oui, bien sûr !
– Bien sûr que oui !
– (Oui) évidemment.
– Oui, tout à fait.

> **ATTENTION !**
>
> Un « Oui » ou un « Non » tout seul risque d'offenser la personne à qui l'on parle
> si on ne la connaît pas bien. Pour être poli, et pour marquer un certain respect,
> on ajoute, selon le cas :
>
> | Oui,
Non, | Monsieur
Madame.
Mademoiselle.
Monsieur le Directeur.
Madame la Directrice. |
> |---|---|

On peut également dire « Oui » :

- en hochant la tête seulement (mais ce n'est pas très poli si on ne dit rien
  en même temps) ;
- en répétant la question posée :
    - *Il est parti ?*   – (Oui,) il est parti.
    - *Tu as froid ?*   – (Oui,) j'ai froid.

Pour renforcer le « Oui », par exemple, si vous êtes sûr(e) de ce que vous
dites :

– Oui, j'en mettrais ma main au feu ![1]
– Oui, j'en suis sûr(e) !/absolument sûr(e).

Si vous n'êtes pas sûr(e) de ce que vous dites :

– Oui, je pense.
– Je crois que oui.
– Apparemment, oui.

---

1. Expression idiomatique. Signifie : j'en suis certain(e).

DÉCRIRE DES ATTITUDES ET EXPRIMER DES SENTIMENTS

Pour exprimer le regret, on dit :
– Hélas, oui !
– Eh oui !

▶ À une question négative :

– *Jeanne n'est pas venue ?*

– Si !   (elle est venue).
– Si, si !
– Mais si !
– Si, bien sûr !
– Bien sûr que si !
– Oh ! que si !

On peut également nuancer la réponse. Si vous êtes sûr(e) de ce que vous dites :
– Mais si, j'en suis sûr(e) !
– Mais si, j'en mettrais ma main au feu !

Si vous n'êtes pas sûr(e) de ce que vous dites :
– Si, je pense.
– Je crois que si.

Pour exprimer le regret, on dit :
– Hélas, si.
– Mais si, malheureusement.

D2 Répondre « non »

(voir aussi « Insister » B11 ; « Dire qu'on est d'accord » D4 ;
« Dire que l'on a raison/a tort » D5)

Dialogues : 4.2 ; 9.2

Pour faire une réponse négative à une question, affirmative ou négative :
– *Jeanne est venue ?*
– *Jeanne n'est pas venue ?*
– Non.
– Non, non.
– Oh non !
– Mais non !
– Bien sûr que non !
– Non, bien sûr !
– Non, pas du tout.

On peut également dire « Non » :

• en secouant la tête seulement (ce n'est pas très poli) ;

• en reprenant le contenu de la question à la forme négative.
– Georges est là ?
– (Non,) il n'est pas là.

On peut distinguer entre un « non » catégorique :
– Non, absolument pas !

et un « non » où il existe un doute :
– Je crois que non.

Pour exprimer le regret, on dit :

– Hélas, non !
– Mais non, malheureusement !

TRÈS UTILE !

« Oui », « Non » et « Si » :

1. La question est affirmative :
   – Tu l'as trouvé ?   – (Mais) oui, (je l'ai trouvé).
                         – (Mais) non, (je ne l'ai pas trouvé).
2. La question est négative :
   – Tu ne l'as pas trouvé ?   – (Mais) si, (je l'ai trouvé).
                               – (Mais) non, (je ne l'ai pas trouvé).

D3 Dire son ignorance

(Dire qu'on ne sait pas quelque chose) (voir aussi « Donner des informations pratiques » B2)

Dialogues : 4.4 ; 7.3

▶ Réponse polie

– (Je suis désolé[e]) | je ne sais pas.
| mais je ne peux pas vous le dire.

☐ – Je l'ignore[1]. (Excusez-moi.)

▶ Réponse impatiente

Quand la question vous agace :
– (Mais...) Je n'en sais rien, moi !
– Comment voulez-vous/veux-tu que je le sache ?

▶ Réponse neutre

Quand on ignore totalement la réponse :
– Je ne sais pas du tout.
– Ça, je n'en sais rien.
– Aucune idée.
– Je n'en ai pas la moindre idée.

D4 Dire qu'on est d'accord/ qu'on n'est pas d'accord

Dialogues : 2.3 ; 3.3 ; 4.5 ; 6.1 ; 8.1

▶ Dire qu'on est d'accord/ qu'on n'est pas d'accord avec ce qui a été dit :

– Ah ! ça oui !
– C'est vrai, ça !
– Ça, c'est vrai !
– Et comment !
– Absolument !
– Tout à fait !
– À qui le dis-tu !
– C'est sûr !
– C'est certain !

1. Ignorer = ne pas savoir.

Accord total

- Exactement.
- (C'est) exact.
- Effectivement.
- Entendu. (Indique souvent qu'on va suivre une instruction ou un conseil).
- Bien entendu.
- Je suis d'accord.
- Sans aucun doute.
- Vous avez (tout à fait) raison.
□ - Je suis (tout à fait) de votre avis.

Accord faible :

- (Oui...) | C'est (bien) possible.
          | Peut-être (bien).
          | Si vous voulez.
          | Sans doute.
          | Ça se peut.
          | Si tu le dis.
- Oui, mais...
○ - Mouais !
○ - Bof !

Désaccord faible :

- (Non...) pas | vraiment.
              | tellement.
              | toujours.
- Je ne suis pas tout à fait d'accord.
- Je ne suis pas très convaincu(e).
- Je n'en suis pas sûr(e).
□ - Je n'en suis pas convaincu(e).
- Ce n'est pas | sûr.
              | certain.

- C'est à voir.
- Quand même !
- Tu es sûr(e) de ce que tu dis !

Désaccord total :

- (Non...) | Je ne suis pas d'accord.
            | Ce n'est pas vrai.
            | Absolument pas !
            | Pas du tout !
            | Vous vous moquez de moi !
            | Tu plaisantes !
○ | Tu rigoles !
○ | Tu te fiches de moi ! ?
○ | Ça (ne) va pas, non ? !
□ | Je ne suis absolument pas de votre avis.

▶ **Dire qu'on est d'accord/
qu'on n'est pas d'accord avec une suggestion :**

Voir « Proposer de faire quelque chose ensemble C12 ; C14/Accepter la suggestion C13 ; C15 » et « Inviter A7/Accepter une invitation A8 ».

D 5 Dire qu'on a raison/a tort

Dialogues : 3.4 ; 4.5 ; 6.4

▶ Accepter/nier une affirmation :

(Voir aussi « Répondre oui » D1, « Répondre non » D2, « Dire qu'on est d'accord », « Dire qu'on n'est pas d'accord » D4.)

– *Vous êtes le mari de Madame Lauriston ?*

– (Oui,) | c'est (bien) ça.
| c'est exact.

– (Non,) | vous faites erreur.
| vous vous trompez.

– *La politique n'a rien à voir avec le sport.*

– (Oui,) | vous avez raison.
| effectivement.
| c'est vrai.
□ | tout à fait.

– (Non,) | ce n'est pas vrai.
| vous avez tort.

▶ Affirmer qu'on a raison :

(Voir aussi « Insister » B11)

Quand quelqu'un vous dit :

– *Vous êtes sûr(e) de ce que vous dites ?*

– Oui, j'en suis sûr(e).
– Oui, c'est bien ça !
– Oui, je t'assure !
– Mais puisque je te dis... !
– Absolument !

▶ Admettre qu'on a tort :

– (Ah non,) | je me trompe.
| j'ai tort.

– (Excusez-moi,) | je n'ai rien dit.
□ | je fais erreur.

ATTENTION !

Les expressions « avoir raison » et « avoir tort » peuvent souvent remplir les fonctions de « se féliciter » et de « se reprocher », **surtout au passé composé**.

– J'ai eu bien raison de ne pas attendre, parce qu'il avait oublié le rendez-vous.

– J'ai eu ⎫
– Tu as eu ⎭ tort de lui dire ça. Elle l'a mal pris.

TRÈS UTILE !

« Se tromper » s'emploie très souvent quand on fait une erreur en composant un numéro de téléphone, en cherchant la porte d'un appartement...

– Excusez-moi. Je me suis trompé(e) de numéro.

– Excusez-moi. Je me suis trompé(e) de porte.

D6 Dire qu'on est content

Dialogues : 2.2 ; 4.1 ; 12.3

– Je suis | content(e)
heureux(euse)
enchanté(e)
ravi(e)
fou/folle de joie | de te voir.
de les revoir.
qu'elle soit arrivée.

– Ça me plaît.
– Ça me ravit.
– C'est (très) bien.
– C'est parfait.
– Formidable.
– Tant mieux !
○ – Chouette !

Note :

1. « Enchanté » s'emploie surtout comme formule de politesse quand on fait la connaissance de quelqu'un. (Voir « Présenter » A4.)

□ – (Je suis) enchanté(e) de vous connaître.

2. « Satisfait(e) » s'emploie généralement pour exprimer le contentement d'un supérieur. Un professeur est « satisfait » du travail des élèves. Une directrice de société est « satisfaite » du travail de ses employés.

D7 Dire qu'on est mécontent

Dialogues : 2.3 ; 4.3 ; 5.2 ; 11.4

– Je suis – Il est – Elle est	agacé(e). ennuyé(e). fâché(e). en colère. furieux(euse). furibond(e). ○ furibard(e).

– Je ne suis pas content du tout.

– Ça	m'agace. m'ennuie. m'énerve. ○ me casse les pieds.

TRÈS UTILE !

Les structures du type :

– Ça me plaît, (beaucoup) (de revoir ce film).
– Ça me déplaît (d'attendre trop longtemps).

nous permettent de mettre l'accent sur la cause de notre émotion.

ATTENTION !

« Ennuyer » prend des sens différents selon le contexte :

– Ce film m'ennuie. (= Ce film m'endort.)
– Il m'ennuie avec son impatience. (= Il m'agace.)
– Ça m'ennuie de vous demander ça. (= Ça me gêne.) (Voir aussi « Dire sa gêne, son embarras » D21.)
– Ça m'ennuie de refaire ce travail. (= Ça me déplaît.)

D8 Porter un jugement sur quelque chose ou quelqu'un

Dialogues : 6.1 ; 8.4 ; 13.2

▶ **En parlant d'un film, d'une pièce de théâtre, d'un livre, d'une soirée...**

« *J'ai beaucoup aimé* », « *Ça m'a beaucoup plu* » :

– C'était	magnifique.
– (Moi...) j'ai trouvé ça	formidable.
	superbe.

(Voir « Exprimer son admiration » D23)

« *J'ai aimé* », « *Ça m'a plu* » :

– C'était	(très) bien.
– (Moi...) j'ai trouvé ça	(très) beau.
	(très) agréable.
	(très) intéressant.
	pas mal du tout.

« *J'ai aimé moyennement* », « *Ça m'a plu, mais...* » :

– C'était	pas mal.
– (Moi...) j'ai trouvé ça	(assez) bien.
	(assez) beau.
	(assez) agréable.
	(assez) intéressant.

« *Je n'ai pas beaucoup aimé* », « *Ça ne m'a pas tellement plu* » :

– C'était		pas (très) bien.
– (Moi...) j'ai trouvé ça		pas extraordinaire.
		pas (très) agréable.
		pas (très) intéressant.
		(assez) ennuyeux.
	○	pas terrible.
	○	plutôt moche.[1]

– Ce n'était pas	très bien.
	extraordinaire.

– Je n'ai pas	trouvé ça	(très) bien.
○ – J'ai pas		(très) agréable.
		extraordinaire.

1. ○ Moche = pas beau, laid.

« Je n'ai pas du tout aimé », « Ça ne m'a pas plu du tout » :

– C'était	sans intérêt.
– (Moi...) j'ai trouvé ça	nul.
	affreux.
	(très) ennuyeux.
○	vraiment moche.
○	rasoir.[1]
○	barbant.[1]
○	casse-pieds.[1]

– Cela n'avait aucun intérêt.

▶ **En parlant d'un objet :**

S'il s'agit d'une peinture, d'une voiture, on peut utiliser toutes les expressions vues ci-dessus, sauf les synonymes d'« ennuyeux » : « rasoir », « barbant », « casse-pieds ».

– Je trouve ça	formidable.
– C'est	(très) beau.
	pas mal.
	affreux.
○	(plutôt) moche.

S'il s'agit de nourriture, on utilise les expressions :

– C'est	délicieux.
– Ça a l'air	(très) bon.
	pas (très) bon.
	mauvais.
	dégoûtant.
○	dégueulasse[2].

▶ **En parlant d'une personne :**

Du point de vue de sa personnalité :

« Il/elle me plaît énormément » :

– Il	est		très bien.
– Elle			sensationnel(le).
– Je le/la trouve			merveilleux(euse).
– C'est	une fille		formidable.
– C'est	un garçon	○	très sympa.
	un type	○	super.
○	un mec	○	très chouette.
○	une nana	○	

– Il	a	beaucoup de charme.
– Elle		un charme fou.

1. ○ Rasoir, barbant, casse-pieds = ennuyeux.
2. ○ Dégueulasse = très mauvais.

« Il/elle me plaît » :

– Il	est		très bien.
– Elle		○	sympa.
– Je le/la trouve		○	super.
– C'est	une fille	○	chouette.
	un garçon		
○	un type		
○	un mec		
○	une nana		

« Il/elle ne me plaît pas beaucoup » :

– Il	est			assez désagréable.
– Elle			○	pas (très) sympa.
			○	pas (très) chouette.
– C'est	une fille	assez ○		ennuyeux(euse).
	un garçon	○		barbant(e).
○	un type	○		rasoir.
○	un mec	○		casse-pieds.
○	une nana			

○ – Je le/la trouve pas terrible.

« Il/elle ne me plaît pas du tout » :

– Il	est		très désagréable.
– Elle			méchant(e).
– Je le/la trouve		○	pas (du tout) sympa.
		○	pas sympa (du tout).
		○	rasoir.
		○	barbant(e).

○ – Il/elle me casse les pieds !

Du point de vue physique :

– Il	est	très beau/belle.
– Elle		magnifique.
– Je le/la trouve		

Elle est	(très) jolie.
	ravissante.

– Il	est	(assez) beau/belle.
– Elle		pas mal.
– Je le/la trouve		

– Il	n'est		pas (très) beau/belle.
– Elle		○	pas terrible.
– Je (ne) le/la trouve			

– Il	est		laid(e).
– Elle			affreux(euse).
– Je le/la trouve		○	plutôt moche.
		○	moche.

ATTENTION !

Pour la description physique des personnes, « jolie » et « ravissante » ne se disent que pour une femme, une jeune fille ou un enfant.

D 9 Dire que quelque chose/ que quelqu'un est amusant

– Son copain (sa copine), il (elle) est vraiment | (très) drôle.
– (Ah, ce film, il était) | (très) amusant(e).
– (La soirée chez Monique, c'était) ○ | (très) marrant(e).
– (Ce type, il est vraiment) ○ | marrant(e) comme tout.
         ○ | rigolo (rigolote)[1].
         ○ | vachement[2] marrant(e).
         | fou (folle).
         ○ | dingue[3].

D 10 Dire ce qu'on aime/ ce qu'on n'aime pas

(voir aussi « Dire ce qu'on préfère » D13 ; « Dire son indifférence » D14 ; et « Porter un jugement sur quelque chose ou quelqu'un » D8)

Dialogues : 3.3 ; 4.5 ; 6.2 ; 8.1 ; 8.4 ; 9.3 ; 12.2

▶ **Pour les choses :**

– J'adore | le cinéma italien.
– J'aime (beaucoup) | la cuisine chinoise.
– J'aime bien | la musique arabe.
– Je n'aime pas beaucoup/pas tellement | le rugby.
– Je n'aime pas du tout | Bruxelles.
– Je déteste
– Ça me plaît.
– Le tennis, ça me plaît.
– Ça me déplaît.

1. ○ Rigolo = amusant.
2. ○ Vachement = très.
3. ○ Dingue = fou, et par extension : drôle.

○ – Je suis | fou (folle) | de westerns.
| un(e) fana[1] |

○ – Thierry est un dingue de moto.

– Ça te plaît ? :

– Oui, beaucoup.
– Oh oui !

– Oh, pas tellement.
– Bof !

– Pas du tout.

▶ Pour les personnes :

Pour exprimer des sentiments envers une personne :

1. *L'amitié :*

– Christine me plaît.
– J'aime bien Christine.
– J'aime beaucoup Christine.
– Christine est mon amie/ma copine.
– Je suis très ami(e)/copain (copine) avec Christine.

2. *L'amour :*

– Il (elle) est amoureux(euse) de | Dominique.
– Il (elle) aime
– Il (elle) adore
– Il (elle) est fou (folle) de

3. *L'antipathie :*

– Il (elle) n'est pas sympa.
– Je le/la déteste.

○ – Je ne peux pas le/la | voir.
| sentir.
○ | pifer ou piffer[2].

 ATTENTION !

« J'aime bien... » est moins fort que « J'aime... ».
Cette différence est très importante dans les relations personnelles :

– Je t'aime bien. (Sympathie, amitié)
– Je t'aime. (Déclaration d'amour)
– Je t'aime beaucoup. (Amitié ou amour)

1. ○ Fana = fanatique. Se dit de quelqu'un qui se passionne pour quelque chose.
2. ○ Pifer (ou piffer) = sentir (ici, ne pas aimer du tout).

À RETENIR !

Pour parler d'un événement passé :

1. Un film, un spectacle...

– Ça t'a plu ?
– Oui, ça m'a plu.
– Non, ça (ne) m'a pas plu.

2. Une sortie, des vacances...

– Tu t'es amusé(e) ?
– Oui, je me suis (beaucoup) amusé(e).
– Non, je (ne) me suis pas amusé(e) (du tout).

D11 Désapprouver les actions de quelqu'un, les lui reprocher

(voir aussi « Dire qu'on est mécontent » D7 ;
« Dire ce qu'on n'aime pas » D10)

▶ **Un simple oubli, une action qui n'est pas grave :**

– Tu n'aurais pas dû – Il ne fallait pas	(laisser le chauffage à 20° quand tu n'étais pas là).
– Tu as eu tort – Ce n'était pas bien ○ – C'était pas bien.	(de lui parler comme ça).

☐ – J'ai un reproche à vous faire... (Remarque d'un supérieur à un subalterne.)

▶ **Une action plus grave, qui vous a ennuyé(e)
  ou qui vous a offensé(e) :**

– (Tu as effacé toute la musique que j'avais enregistrée !)
  Comment as-tu pu faire ça ?

– C'est	très grave scandaleux inadmissible	(ce que vous avez fait).

– (Ne roule pas trop vite,) je n'aime pas ça.
– Ne me parle pas sur ce ton, s'il te plaît !
☐ – (Il dit toujours du mal des autres,) je déteste ce genre de comportement.
☐ – Comment osez-vous (me dire ça) !

À RETENIR

Reprocher à quelqu'un une action passée :
– Tu n'aurais pas dû faire ça.
Se reprocher une action passée :
– Je n'aurais pas dû lui dire ça.

D12 Se reprocher une action passée

(voir aussi « S'excuser » A11)

– (Oh là là) | (que je suis bête !)
   ○ | (quel(le) imbécile !) | (je suis !)
   ○ | (quel(le) idiot(e) !)

– Que je suis bête !
– J'ai fait une bêtise. | Je n'aurais pas dû | faire ça.
   | Ce n'était | pas bien de | lui dire ça.
   ○ | C'était

– J'ai eu tort d'(acheter cette voiture).
– J'aurais dû | (partir plus tôt.)
– J'aurais mieux fait de | (noter l'adresse.)

D13 Dire ce qu'on préfère

Dialogues : 3.3 ; 5.2 ; 8.3 ; 13.4

– Je préfère | (Simone.)
– J'aime mieux | (le beurre sans sel).

– J'aimerais mieux | (que tu viennes avec moi).
– Il vaut mieux | (partir avant les autres).

□ – Il est préférable | (que tu viennes avec moi).
   | (de partir avant les autres).

D 14 Dire son indifférence

Dialogues : 6.2 ; 7.4 ; 8.1

1. – *Tu veux aller voir un film ou dîner quelque part ?*
   – *Tu veux que je passe chez toi le matin ou l'après-midi ?*

   – Ça m'est (tout à fait) égal.
   – Ça m'est (complètement) égal.
   – Comme tu veux.

2. – *Tu sais que Paul se marie le mois prochain ?*

   ○ – Et alors ? (Qu'est-ce que ça peut me faire ?)
   – Que veux-tu que ça me fasse ?

   – Je m'en moque !
   ○ – Je m'en fiche !
   ○ – Je m'en fous (complètement) !
   – Ah bon ?

3. – Quand quelqu'un se vante de quelque chose qui vous agace ou qui vous laisse indifférent :

   – *Tu connais la dernière ? Mon père m'a offert un micro-ordinateur avec des tonnes de jeux.*

   ○ – Et alors ? (Qu'est-ce que ça peut me faire ?)
   – Bof !
   – Qu'est-ce que tu veux que ça me fasse ?

Note :

Des expressions telles que :
   « Qu'est-ce que ça peut me faire ? » ;
   « Que veux-tu/voulez-vous que ça me fasse ? » ;
   « Je m'en moque ! » ;
   « Je m'en fiche ! » ;
   « Je m'en fous ! » ;
ne sont pas très polies et doivent être utilisées avec prudence.

D 15 Dire ce qu'on veut faire (intention, espoir, volonté)

Dialogues : 2.1 ; 5.3 ; 7.2 ; 8.2 ; 10.1 ; 10.2 ; 13.4

▶ Dire ce qu'on a l'intention de faire :

(Voir aussi « Dire ce qu'on va faire » D17.)

– Je voudrais	(prendre mes vacances en mai).
– J'aimerais	
– J'ai l'intention de	
– Je pense	
– Je tiens à	
– Je compte	
– J'ai envie de	
– J'envisage de	

▶ Dire ce qu'on espère faire :

– J'espère	(faire du ski cet hiver).
– Je compte bien	(prendre mes vacances en mai).

▶ Dire ce qu'on veut faire.

Dans un lieu de travail où deux collègues travaillent sur un projet :

– Je veux partir à six heures. (C'est-à-dire, je veux partir, même si on n'a pas terminé, et même si vous n'êtes pas d'accord.)

– Je voudrais partir à six heures. (C'est-à-dire, si on a terminé ce travail, et si vous êtes d'accord.)

« Je voudrais... » est plus poli que « Je veux... ».

Note :

L'expression « Je veux... » est à utiliser avec prudence : elle révèle une forte détermination, une forte volonté et peut être interprétée comme un ordre.

D 16 Dire ce qu'on ne veut pas faire

Dialogue : 11.4

▶ Dire ce qu'on ne veut pas faire :

- Je (ne) voudrais pas   (rentrer tout(e) seul(e)).
- Je (n')aimerais pas   (partir en vacances avant juillet).
- Je (n')ai pas l'intention de
- Je (ne) pense pas
- Je (ne) tiens pas à
- Je (ne) compte pas
- Je (ne) veux pas

▶ Quand on a changé d'avis, quand on a renoncé à faire quelque chose :

- Je renonce à
- Je (J') (n')ai plus l'intention de   (travailler chez eux).
- Je (ne) tiens plus à   (faire de la gymnastique).
- Je (J') (n')ai plus envie de
- Finalement, j'ai décidé de ne pas   (faire de gymnastique).
- Je (ne) veux plus

ATTENTION !

L'expression « Je ne veux pas... » est à utiliser avec prudence, parce qu'elle implique une forte volonté et peut même prendre la valeur d'une interdiction :

- Je (ne) veux pas que tu sortes avec elle.
- Je ne veux pas que vous me parliez sur ce ton.

(Voir aussi « Interdire » C21.)

D 17 Dire ce qu'on va faire
(Ce qu'on a l'intention de faire, ce qu'on espère faire)

Dialogues : 3.1 ; 3.3 ; 3.5 ; 4.4 ; 9.6 ; 12.1

En français parlé, on utilise le présent ou le futur proche du verbe dans la plupart des cas :

- Je pars   ce soir.
- Je vais partir   demain.
- Je viens   la semaine prochaine.
- Je vais venir   dans un mois.
                      à la fin de l'année prochaine.

– Je te (vous) téléphone	demain.
– Je vais (te) vous téléphoner	jeudi soir.
	la semaine prochaine.
	à Noël.

TRÈS UTILE !

Pour parler d'un événement futur, on peut utiliser :

1. Le présent :
   – Je pars lundi.
2. Le futur proche :
   – Je vais partir lundi.
3. Le futur :
   – Je partirai lundi.

En français parlé, le présent et le futur proche sont employés beaucoup plus souvent que le futur. On peut communiquer dans la plupart des situations quotidiennes sans être obligé d'utiliser le futur.

Il est cependant difficile d'éviter le futur après « quand », « lorsque », « dès que », « aussitôt que »...

– Tu me le diras quand tu viendras.
– Je t'écrirai quand j'aurai trouvé un appartement.

D18 Dire son regret

– Je regrette	(la vie tranquille à la campagne).
	(d'avoir dit cela (ça)).
	(qu'elle ne soit pas venue).

– Malheureusement	(elle n'est pas venue).
□ – Hélas	

– C'est (vraiment)	dommage	(que tu sois obligé(e) de partir si tôt).
	bête	(de ne pas y aller).

– Je suis désolé(e)	que tu ne puisses pas venir !
– Quel dommage	

Note : « Je regrette... ». Voir l'encadré sous « S'excuser ».

D19 Dire sa déception

Dialogue : 3.4

▶ Quand on est déçu par quelque chose :

– *Alors, ce film, ça t'a plu ?*
– Non, j'ai été très déçu(e).
– Ça m'a (beaucoup) déçu(e).

▶ Quand on est déçu par une promesse :

– *Elle avait promis de m'écrire, mais ça fait des mois que je n'ai pas de nouvelles d'elle.*
– Elle m'a vraiment déçu(e).
– Je n'aurais pas cru | ça d'elle.
                       | cela d'elle.

À RETENIR

Quand on veut acheter quelque chose qui n'est pas disponible, ou qu'on ne peut obtenir, on peut dire « Tant pis ! ».

– Une baguette, s'il vous plaît.
– Il n'y en a plus, Madame.

– Tant pis. | (Alors donnez-moi...)
            | (Est-ce qu'il y a une autre boulangerie dans le coin ?)

« Tant pis ! » n'est pas une expression impolie : elle exprime l'acceptation d'un fait.

D20 Dire sa peur/ ses craintes/son soulagement

Dialogue : 11.4

▶ Pour exprimer une peur physique :

– J'ai très peur (des examens, de prendre l'avion).
□ – Je crains (la foule, l'altitude).
○ – J'ai la frousse[1].
○ – J'ai une de ces trouilles[2] !

1. ○ Avoir la frousse = avoir peur.
2. ○ Avoir la trouille = avoir peur.

À RETENIR

Pour calmer une personne ou des personnes qui ont très peur, en cas d'accident, par exemple, on peut dire :

- – Restez calme ! (Reste calme !)
- – Ne vous affolez pas ! Ne t'affole pas !
- – Du calme !
○ – Pas de panique !

▶ Pour exprimer son inquiétude :

- – J'ai peur (qu'elle ne vienne pas).
- ☐ – Je crains (qu'il ne soit trop tard) (= qu'il soit trop tard.)
- ☐ – Je redoute (son retour).
- ☐ – J'appréhende (cette rencontre).

▶ Pour exprimer son soulagement (quand on a eu très peur et que le danger est écarté) :

- – Heureusement !
- – On a eu de la chance !
- ○ – Ouf ! On a eu chaud !
- ☐ – Nous l'avons échappé belle !

À RETENIR

Quand on est passé très près d'un danger, on peut dire :

– J'ai failli	(avoir un accident).
	(me faire voler).
	(me faire écraser par un camion).

D 21 Dire sa gêne/son embarras

(voir aussi « S'excuser » A11)

▶ Quand on a fait une bêtise :

Vous avez oublié un rendez-vous et on vous a attendu(e) :

– (Oh, excusez-moi...)	Je suis désolé(e).		
	Je suis (bien) ennuyé(e).		
☐	Je suis confus(e).		
	Je ne sais	plus	quoi	(vous) dire.
		pas		faire.

▶ **Quand quelque chose est difficile à demander, à dire :**

| – Ça | me gêne m'ennuie | de te | dire ça, mais (j'ai surpris ton fils en train de regarder dans mon sac à main). demander ça, mais (est-ce que je pourrais camper chez toi quelques jours ?) |

EST-CE QUE JE POURRAIS CAMPER CHEZ TOI QUELQUES JOURS ?

ATTENTION !

« Ennuyer » : Voir Attention ! sous la rubrique « Dire qu'on est mécontent » D7.

« Gêner » : Cette expression a plusieurs sens :

1. Ça me gêne d'avoir à téléphoner chez lui (= ça m'ennuie).

| Je suis gêné(e) | d'avoir fait d'avoir à faire | quelque chose (= je suis embarrassé[e]). |

2. Tu me gênes (= tu me déranges).

D22 Dire sa surprise/son étonnement

Dialogues : 2.1 ; 2.3 ; 4.4 ; 6.4 ; 7.2 ; 9.1 ; 13.1

À propos d'une nouvelle ou d'un événement qui vient de se produire :

– Ça m'étonne !
– Ça me surprend !

| – Je suis | surpris(e) étonné(e) | (qu'elle se souvienne de moi). |

– Ça m'étonne
– Ça me surprend

| – C'est | surprenant. |
| | étonnant. |

| – Ce n'est pas | possible. |
| ○ – C'est pas | croyable. |

– Tu plaisantes !
– Oh là là !
– Tiens !
– Comment !
– Quoi !
– Ah bon ?
– Ça alors ! (Je (ne) l'aurais jamais cru !)
– Incroyable !
○ – Sans blague !
○ – C'est pas vrai !
○ – Je (n')en reviens pas.

OH LÀ LÀ !

D 23 Exprimer l'admiration
(voir aussi « Porter un jugement » D8)

Dialogue : 8.4

▶ **Pour exprimer de l'admiration pour des choses :**

– (Je trouve ça)	magnifique.
– (C'est)	formidable.
	merveilleux.
	superbe.
	génial.
	sensationnel.
○	super.
○	très chouette.
□	admirable.

– Qu'est-ce que c'est	beau !
– Ce que c'est	bien !
– Que c'est	bon !

QUE VOUS ÊTES BEAU !

▶ **Pour exprimer de l'admiration pour des personnes :**

Voir « Porter un jugement sur quelque chose ou quelqu'un - En parlant d'une personne » D8.

– J'admire	(cette personne).
□ – J'ai de l'admiration pour	(son courage).
– Que vous êtes (tu es)	courageux (euse) !

D 24 Exprimer son intérêt

Dialogue : 8.1

– Je m'intéresse | à l'informatique.
| à la danse.
| aux sports.

– L'informatique, ça m'intéresse.
– Ça me tente (beaucoup).
– Ça m'attire (beaucoup).

– Ça m'intéresse | de | voir ce film.
– Ça m'intéresserait | | faire sa connaissance.
– Je suis curieux(euse) | | partir avec eux.
– Je serais curieux(euse) | | savoir où elle a pu acheter
| | ces chaussures.

– Je trouve ça intéressant.

Note : Ces expressions peuvent être utilisées à la forme négative pour exprimer le manque d'intérêt et l'indifférence :

– Je ne m'intéresse pas (du tout) (à l'informatique).
– Ça (ne) m'intéresse pas (du tout).
– Ça (ne) me tente absolument pas.

ATTENTION !

L'adjectif « intéressé(e) », surtout quand il est utilisé à la 3e personne, peut avoir une connotation assez péjorative, puisqu'il implique l'intérêt personnel, égoïste, et surtout, financier.

Donc, « Ça l'intéresse » n'est pas du tout synonyme de « Il/Elle est inté-ressé(e) » (= il/elle peut en profiter, en tirer profit.)

D 25 Rendre quelqu'un responsable d'une action, accuser

Dialogue : 6.2

| – C'est | toi qui as
vous qui avez
lui qui a
elle qui a | (laissé la porte ouverte).
(pris mon vélo). |

| – C'est à cause de | toi
lui | que je suis arrivé en retard. |

D 26 Se défendre d'une accusation

Dialogue : 6.2

| – (Non...) ○ | Ce n'est pas moi
C'est pas moi | qui suis (responsable).
qui ai (laissé la porte ouverte). |

| – Ce n'est pas
○ – C'est pas | vrai. |

– C'est faux.
– Absolument pas !
– Ce n'est pas de ma faute !
– Tu te trompes !
– Vous vous trompez, Monsieur.
□ – Vous faites erreur, Madame.

D 27 Faire une réclamation

Dialogue : 4.3

Si un appareil que vous venez d'acheter ou qui est encore sous garantie tombe en panne :
– J'ai une réclamation à faire. J'ai acheté cet appareil ici ce matin même... (cet appareil est sous garantie) et il ne marche pas. Je voudrais que vous le remplaciez, s'il vous plaît.

Si vous avez déjà réglé une facture, et qu'on vous envoie un rappel de paiement :

– Mais, cette facture, je l'ai déjà payée !

Si le vendeur/la vendeuse ou l'employé(e) hésite, ou refuse de vous donner satisfaction, vous pouvez éventuellement dire :

– Je voudrais voir	(le chef de rayon).
– Vous voulez bien appeler	(le chef de service).
	(votre chef).

Pour exprimer son mécontentement dans une telle situation :

– C'est inadmissible !
– C'est scandaleux !
○ – C'est pas croyable !
○ – C'est pas vrai !

D 28 Exprimer la bonne/ la mauvaise humeur

Dialogue : 11.2

▶ Pour exprimer la bonne humeur :

– Je suis (me sens) de bonne humeur ce matin.
– Tu as l'air en (pleine) forme aujourd'hui.
○ – Elle a le moral.
○ – Il est de bon poil, aujourd'hui.

▶ Pour exprimer le malaise :

La tristesse :

– Je m'ennuie (à mourir).
– Ça ne va pas (du tout).
– Elle est déprimée.
○ – Il a le cafard.
○ – j'ai le moral à zéro.

La mauvaise humeur :

– Je suis	de (très) mauvaise humeur ce matin.
– Je me sens	

– Tu n'as pas l'air (très) en forme aujourd'hui.
– Il est à bout de nerfs.
○ – Elle est d'une humeur massacrante.

En parlant de la difficulté de supporter la mauvaise humeur de quelqu'un :

Il/elle est	fatigant(e)	aujourd'hui.
	pénible	ce matin.
○	à cran	

Note :
Fatigant(e), pénible = pas facile à vivre, agaçant(e), difficilement supportable.
« Pénible » ne sous-entend pas nécessairement l'agressivité.
○ À cran = prêt(e) à se mettre en colère.

D 29 Exprimer le dégoût

Dialogue : 6.1

– Ça me dégoûte	(de faire ça).
– Ça m'écœure	(ce qu'il a fait).
– Ça me répugne	(cette nourriture).

– J'ai horreur de ça !

– Je trouve ça	dégoûtant.
– C'est	écœurant.
	répugnant.
	détestable.
	infect.
	immangeable.
	imbuvable.
○	dégueulasse.

D 30 Protester, exprimer l'irritation/ l'exaspération

Dialogues : 6.2 ; 8.1 ; 8.3 ; 9.1 ; 13.1 ; 13.3

– C'est	insupportable !
	inadmissible !
	inacceptable !
	révoltant !
	dégoûtant !

– C'est pénible	alors !
– Il/elle est pénible	à la fin !
	quand même !

– C'est incroyable !
○ – C'est pas croyable !   (Pour indiquer la surprise et l'irritation.)

– Ça m'énerve !
– Tu m'énerves !

– Ça suffit	
– J'en ai assez	
○ – J'en ai marre	(de tes histoires).
○ – Y en a marre	(de vivre comme ça).
○ – (J'en ai) ras-le-bol	

Note : Ne confondez pas :

○ « En avoir marre ! ». – J'en ai marre. (= J'en ai assez).
et
○ « Se marrer » : – Je me suis marré(e). (= J'ai ri/je me suis amusé(e)).

D31 Exprimer l'impatience

Dialogue : 10.2

▶ **Dans un endroit public (par exemple, une queue qui n'avance pas) :**

– Mais | qu'est-ce qui se passe ?
| qu'est-ce qu'il y a ?

☐ – Vous ne pourriez pas vous dépêcher, | Monsieur s'il vous plaît ?
| Madame. (Je suis pressé[e].)

☐ – Mais que se passe-t-il ?

▶ **Avec quelqu'un qu'on connaît :**

– Mais qu'est-ce que tu fais ? | (on est en retard.)
– Tu peux te dépêcher ? | (on va rater notre train.)
– (Mais...) dépêche-toi !
○ – Grouille-toi !

Note : Pour marquer des degrés dans l'impatience, l'intonation joue un rôle très important.

D32 Parler de ce qui vous concerne/ de ce qui ne vous concerne pas/ de ce qui concerne l'autre/ de ce qui ne concerne pas l'autre

Dialogue : 4.1

▶ **Ce qui vous concerne :**

– Ça me concerne.
– Ça me regarde.
– Ça ne regarde que moi.
– Je m'en occupe.

ATTENTION ! Ces expressions sous-entendent « Ça ne vous regarde pas ! » et doivent être utilisées avec prudence.

▶ **Ce qui ne vous concerne pas :**

– Ça ne me concerne pas.
– Ça ne me regarde pas.
– Je n'ai rien à faire là-dedans.
– Je n'en ai rien à faire.
○ – Ce ne sont pas mes oignons.

ATTENTION ! Ces expressions sous-entendent souvent : « C'est votre problème, pas le mien ! » Elles indiquent un manque de sympathie pour les problèmes de l'autre.

▶ **Ce qui concerne l'autre :**

– C'est votre (ton) affaire.
– Ça vous (te) regarde.

ATTENTION ! Ces expressions sous-entendent souvent : « C'est votre problème, pas le mien ! » Elles indiquent un manque de sympathie pour les problèmes de l'autre.

▶ **Ce qui ne concerne pas l'autre :**

(Voir aussi « Refuser une suggestion » C16.)

– Ce n'est pas │ votre affaire !
○ – C'est pas │

– Ça ne vous regarde pas !
– De quoi vous mêlez-vous ? (De quoi te mêles-tu ?)
○ – On (ne) t'a rien demandé !
○ – Mêle-toi de tes affaires !
○ – Occupe-toi de tes oignons !

ATTENTION ! Ces expressions sont assez brutales, donc à utiliser avec prudence.

D 33 Dire des insultes/des injures

Dialogue : 13.1

ATTENTION ! N'utilisez pas ces expressions si vous n'êtes pas sûr(e) de ce qui est acceptable dans le contexte social où vous vous trouvez !

▶ En s'adressant à une personne :

○ – Ça va pas, non ?
○ – (Espèce de) | idiot[1] !
○ – (Espèce d') | crétin[1] !
                | imbécile[1] !
                | débile[1] !

○ – Sale type ! (masculin seulement.)
○ – Salaud[2] !

▶ En parlant d'une personne :

○ – C'est | un(e) imbécile !
         | un(e) idiot(e) !
         | un(e) crétin(e) !
         | un(e) débile mental(e) !
         | un sale type !
         | un salaud !

○ – Quel salaud ! (masculin seulement.)
○ – Quelle garce ! (féminin seulement.)

1. ○ Idiot, crétin, imbécile, débile = au sens propre signifient faible d'esprit.
2. ○ Salaud : a un sens très fort. Se dit d'une personne qu'on trouve fortement méprisable. L'équivalent féminin « Salope ! » est encore plus fort, et doit être évité.

E1 Résumer

Souvent, quand on raconte une histoire, quand on rapporte une conversation, quand on décrit ou quand on explique quelque chose, on n'a pas envie d'entrer dans les détails. On dit alors :

- En gros...
- En bref...
- En peu de mots...
- Donc...
○ - Grosso modo...
- Bref...
- Enfin, bref...
- En somme, ...
- Pour résumer, je dirai que...
- Je résume en quelques mots...

JE RÉSUME EN QUELQUES MOTS...

E2 Raconter une suite d'événements

Dialogue : 6.4

Quand on raconte une histoire, il faut surtout exprimer les relations temporelles. Le récit est ainsi plus clair et le style est plus naturel :

D'abord...	et puis	enfin...
Au début...	alors...	finalement...
Quand (il est arrivé)...	ensuite...	en fin de compte...
	après...	à la fin...
	au bout d'un moment...	
	au même moment...	
	en même temps...	

D'abord, il ne disait rien, il restait tout seul dans son coin. **Alors**, je l'ai présenté à ma cousine. **Au bout d'un moment**, il avait l'air heureux. **Ensuite**, je les ai vus en train de danser ensemble. **À la fin**, il s'amusait tellement qu'il ne voulait pas rentrer.

E3 Rapporter (ce qu'une autre personne a dit)

Le discours rapporté est généralement bien traité dans les livres de grammaire et les manuels. Nous ne donnons ici que les éléments de base qui devraient vous permettre de rapporter l'essentiel des paroles des autres.

1. Les séquences de temps des verbes au présent et au passé :

Phrase d'origine : Marie : – Je | viens | ce soir.
                                       vais venir
                                       viendrai

Phrase rapportée : a) Présent :

– Elle	dit qu'elle	vient	ce soir.
– Marie		va venir	
		viendra	

b) Passé :

– Elle	a dit qu'elle	venait	ce soir.
– Marie		allait venir	
		viendrait	

2. Rapporter des phrases déclaratives et des phrases interrogatives (des questions) :

– pour les phrases déclaratives, on utilise la conjonction « que ; qu' ».
– pour les questions, on utilise la conjonction « si ; s' ».

a) *Phrase d'origine :*   Jean : – Je viens ce soir.

b) *Phrase rapportée :*   Il | dit qu'il vient ce soir.
                          Jean |

c) *Question d'origine :* Jean : – Pierre vient ce soir ?

Question rapportée :

Il	a demandé	s'il	venait	ce soir.
Jean	voulait savoir	si Pierre	allait venir	
			viendrait	

4 Faire des hypothèses (« Si... »)

Dialogues : 2.1 ; 2.2 ; 3.3 ; 10.2 ; 11.2 ; 11.4

Il faut surtout se rappeler que le français, à l'inverse de la plupart des autres langues européennes, n'utilise pas le subjonctif dans la proposition introduite par « si... ».

En français, il y a essentiellement trois séquences de temps après « si... » :

1. Si + Présent → Présent
      ou
Si + Présent → Futur ou Futur proche

– S'il **pleut**, je ne **sors** pas.
– S'il **pleut**, je ne **sortirai** pas/je ne **vais** pas **sortir**.

2. Si + Imparfait → Conditionnel présent

– Si je **connaissais** la réponse, je te la **dirais**.
(... Mais je ne connais pas la réponse.)

– Si j'**avais** de l'argent, j'**achèterais** une novelle voiture.
(... Mais je n'ai pas d'argent.)

3. Si + Plus-que-Parfait → Conditionnel passé

– Si j'**avais su** (que tu dormais), je ne t'**aurais** pas **téléphoné**.
(... Mais je ne savais pas.)

– Si j'**avais su** (que la soirée allait être si ennuyeuse), je ne **serais** pas **venu(e)**.
(... Mais je ne savais pas.)

TRÈS UTILE

Quand on demande une chose qui sera peut-être difficile à réaliser, on peut ajouter « ... si possible » :

– Je voudrais deux places au deuxième rang, si possible.

E5 Comment gagner du temps pour réfléchir

Dialogue : 8.3

Comme toutes les langues, le français contient des mots qui n'ont pas vraiment de signification au sens propre du terme, mais qui ont plusieurs fonctions de communication, notamment :

– de maintenir la communication entre la personne qui parle et la personne qui écoute ;

– de donner à la personne qui parle le temps de réfléchir aux mots qui vont suivre ;

– de signaler que la personne qui parle a fini ou n'a pas fini de parler.

Voici les exemples les plus fréquents de ces mots :

▶ **Au début d'une intervention (« Je vais dire quelque chose. ») :**

– Voilà...
– Eh bien...
– Eh bien, voilà...
– Bien, euh...
– Euh...
– Alors...
– Bon alors...
– Tiens (Tenez)...
– Tu sais (Vous savez)...
– Tu vois (Vous voyez)...
– Au fait...
– Finalement...
– Pour moi, ...
– À mon avis...
– Moi, ce que je pense, c'est que...
○ – Ben...

▶ **Au milieu d'une intervention (« Je n'ai pas fini. ») :**

– ... euh...
– ... alors...
– ... donc...
– ... c'est-à-dire que...
– ... et puis...
– ... ensuite...
– ... et puis ensuite...
– ... et de toutes façons...
– ... et en tout cas...
– ... et ...
– ... mais...

▶ **À la fin d'une intervention, ou au milieu,
pour marquer une pause entre deux sujets de conversation
(« C'est fini... pour le moment. ») :**

− ... n'est-ce pas ?
− ... quoi ?
− ... tu vois (vous voyez) ?
− ... tu sais (vous savez) ?
− ... tu ne crois pas (vous ne croyez pas) ?
− ... en définitive...

1. ○ − **Alors**, tu viens avec nous, **hein** ?

   − **Euh, c'est-à-dire que** je (ne) sais pas si je suis libre. **Et puis, tu sais,** les films policiers, ça (ne) m'intéresse pas tellement, **hein ?... Enfin,** je te dirai ça demain, d'accord ?

2. ○ − **Au fait,** cet examen, ça s'est bien passé ?

   − **Oh, tu sais, hein ?** On (n')est jamais sûr d'avoir bien fait. **Mais,** je crois que je (ne) m'en suis pas trop mal tirée, **quoi. De toutes façons,** ça ne compte que pour vingt pour cent de la note finale, **alors...**

3. ○ − **Alors**, comment as-tu pu faire une telle erreur ?

   − **Eh bien voilà,** je t'explique. J'avais la grippe... **et puis en plus** euh, j'étais fatigué... **alors, euh, tu sais hein ?** Quand on est comme ça, on (ne) fait pas toujours très attention, **quoi. Et puis ensuite** il y avait un monde fou dans le magasin. **Finalement,** je (ne) savais plus où j'en étais, **tu comprends ? Alors,** je me suis trompé de facture. Tout simplement. **Voilà.** Je suis désolé.

111

E6 Écrire une lettre personnelle

▶ **Lettre personnelle à un(e) camarade, à un(e) collègue, à quelqu'un pour qui on a de l'amitié :**

Salutation initiale	Salutation finale
Cher Pascal, Chère Isabelle,	Amicalement. Amitiés. Avec toutes mes amitiés. Bien à toi. Bien à vous.

▶ **À un(e) très bon(ne) ami(e) :**

Salutation initiale	Salutation finale
Mon très cher Pascal, Ma très chère Isabelle,	Je t'embrasse. Bises[1]. Bisous[1].

▶ **À un(e) ami(e) intime, un époux (une épouse) :**

Salutation initiale	Salutation finale
Mon chéri Ma chérie, Mon (petit) Pascal chéri, Ma (petite) Isabelle chérie, Mon amour,	Je t'embrasse (très, très) fort, Je t'aime, ...

---

1. Bises/bisous = forme familière de « Je t'embrasse ».

L'Europe des douze

Pays	Habitants	Langues principales[1]
l'Allemagne	Allemand/Allemande	l'allemand
la Belgique	Belge	le français et le flamand
le Danemark	Danois/Danoise	le danois
l'Espagne	Espagnol/Espagnole	l'espagnol (ou le castillan)
la France	Français/Française	le français
la Grande-Bretagne	Britannique[2]	l'anglais
la Grèce	Grec/Grecque	le grec
les Pays-Bas (la Hollande)	Néerlandais/ Néerlandaise	le néerlandais
	(Hollandais/ Hollandaise)	(le hollandais)
l'Italie	Italien/Italienne	l'italien
l'Irlande (Eire en irlandais)	Irlandais/Irlandaise	l'irlandais et l'anglais
le Luxembourg	Luxembourgeois/ Luxembourgeoise	l'allemand et le français
le Portugal	Portugais/Portugaise	le portugais

Exemples :

« Il est français.»
« Elle est française. »
« Je parle français.»

« Il est portugais. »
« Elle est portugaise. »
« On parle portugais. »
etc.

1. Certains pays européens ont, en plus de la langue nationale (ou les langues nationales), des langues régionales, par exemple le gallois en Grande-Bretagne, le catalan en Espagne et, en France, le breton, l'occitan, le corse et le basque.
Les Français mentionnent souvent leur identité régionale, même s'ils ne parlent pas la langue de cette région :
Je suis breton/bretonne - alsacien/alsacienne - occitan/occitane - corse - basque.
Il en est de même pour les régions où il n'y a pas de langue régionale :
Je suis normand/normande - auvergnat/auvergnate, etc.
et pour les villes : (Je suis strasbourgeois/strasbourgeoise - lyonnais/lyonnaise - parisien/parisienne, etc.)

2. La Grande-Bretagne comprend quatre pays : l'Angleterre, l'Écosse, le Pays de Galles et une partie de l'Irlande, l'Irlande du Nord. Donc, pour un(e) ressortissant(e) de la Grande-Bretagne, on dira :
Il/elle est | de nationalité britannique
| britannique
| ou
Il/elle est anglais/anglaise - gallois/galloise - écossais/écossaise - irlandais/irlandaise.
Il n'y a pas de nationalité anglaise.

À RETENIR

« en », « au » ou « aux » ?

Pour la majorité des pays européens, on utilise la préposition « en » dans des expressions comme :
« J'habite en Italie. »
« Ils passent leurs vacances en Grèce. »
« Je vais en Espagne la semaine prochaine. »
Les noms de ces pays sont tous au féminin.

Dans le cas du Danemark, du Luxembourg et du Portugal, qui sont au masculin, on utilise « au » :
« Je vais au Portugal. »
« Elle habite au Danemark. »

Quand le nom du pays est au pluriel, on utilise « aux » :
– « Je suis né(e) aux Pays-Bas. »

Cette règle s'applique bien entendu aux autres pays du monde :
le Japon – « Je travaille au Japon. »
la Tunisie – « Elle est née en Tunisie. »
les États-Unis – « J'ai appris l'anglais aux États-Unis. »

F 2 Téléphoner, répondre au téléphone

Dialogues : 12.2 ; 12.4

– Téléphoner :

Quand la personne qui reçoit le coup de téléphone décroche, elle dit :
– Allô ?
ou
– Allô, oui ?
S'il s'agit d'un bureau :
– Allô, Société Cortex.
ou
– Allô, Société Cortex, j'écoute.

Vous répondez :
– (Allô) Bonjour. Je voudrais parler à madame Duteuil, s'il vous plaît.
ou
– Est-ce que madame Duteuil est là ?

On vous demandera :
– (C'est) de la part de qui ?
Vous répondez, s'il s'agit d'un appel personnel :
– C'est Helmut Becker (à l'appareil).
ou si vous appelez une entreprise commerciale ou un bureau administratif :
– C'est de la part de M. Becker.

ou simplement
– Helmut Becker.

Si la personne que vous demandez est là, on vous dira :
– Oui, ne quittez pas, je vais l'appeler.
ou
– Oui, ne quittez pas, je vous le/la passe.

Si la personne n'est pas disponible, on vous dira :
– Il/Elle est en ligne[1], vous patientez ?
– Il/Elle n'est pas | là aujourd'hui.
              | dans son bureau.
– Il/Elle est en réunion.

Vous pouvez répondre :
– Oui, je vais (veux bien) patienter (attendre).
– Est-ce que vous savez | quand | il/elle va revenir ?
                     | à quelle heure |
– Est-ce que je peux laisser un message pour lui/elle ?

F 3   Écrire une lettre commerciale ou administrative

(voir aussi « Écrire une lettre personnelle » E6)

Dans la correspondance commerciale ou administrative, il est très important d'observer la mise en page :

LETTRE TYPE

L'EN-TÊTE
VOTRE NOM
VOTRE ADRESSE

                    LE NOM ET L'ADRESSE DE
                       VOTRE CORRESPONDANT
                    ... (votre ville), le ... (la date)

Vos références :
Nos références :
Objet :

          LA FORMULE D'OUVERTURE
          LE CORPS DE LA LETTRE

                  LA SIGNATURE

*P.J. (Vous mettez ceci si vous envoyez quelque chose avec la lettre. Cela veut dire **pièces jointes**.)*

---

1. Être en ligne = être en train de parler au téléphone.

Il est également important de noter toutes les formules. Si vous avez un certain nombre de formules à votre disposition, vous pouvez écrire sans problème la plupart des lettres commerciales ou administratives.

▶ **Au début de la lettre** (la formule d'ouverture).

Si vous ne connaissez pas la personne :
Monsieur,
Madame,
Messieurs,
Madame la Directrice,
Monsieur le Président-Directeur Général,

Si vous connaissez la personne :
Cher Monsieur,
Chère Madame,
Cher Monsieur Limondin,
Chère Madame Peyrac,

▶ **À la fin de la lettre** (la formule de politesse finale).

Si vous ne connaissez pas la personne :
Nous vous prions d'agréer, Monsieur, Madame, l'expression de nos salutations distinguées.
Je vous prie de croire, Monsieur, Madame, à l'expression de mes sentiments les meilleurs.

Si vous connaissez la personne :
Recevez, cher Monsieur, chère Madame, l'expression de mes sentiments les meilleurs.

Si vous connaissez bien la personne et si vous avez de bonnes relations avec elle :
(Très) cordialement.

TRÈS IMPORTANT : La salutation finale doit toujours correspondre à la formule d'ouverture.

▶ **Le corps de la lettre** (des phrases type).

Vous avez reçu quelque chose :
– J'ai bien reçu votre lettre du 15 mars.
– Nous accusons réception de votre commande du 18 septembre.
– En réponse à votre lettre du 13 février, ...

Vous écrivez à la suite d'une conversation téléphonique, d'une réunion, etc. :
– Suite à notre conversation téléphonique de ce matin...
– Suite à la réunion qui a eu lieu hier...
Vous demandez à quelqu'un de faire quelque chose :
– Je vous prie de bien vouloir ...
– Nous vous serions reconnaissants de...
– Nous vous saurions gré de...

Vous envoyez quelque chose avec la lettre :
- Veuillez trouver ci-joint un échantillon de...
- Vous trouverez ci-jointe notre documentation sur...

Vous remerciez quelqu'un :
- Nous vous remercions de votre commande du...
- Je vous remercie de votre documentation sur...

Vous voulez attirer l'attention de l'autre personne/l'autre entreprise sur quelque chose :
- Nous avons le plaisir de vous rappeler que...
- Je tiens à vous signaler que les marchandises commandées sont arrivées en très mauvais état. (Cette formule est souvent utilisée pour exprimer le mécontentement.)

Vous confirmez quelque chose, par exemple une commande passée au téléphone :
- Nous vous confirmons | notre commande du...
                         | que...

Vous demandez des renseignements :
- Je vous prie de me faire parvenir, dans les meilleurs délais, votre catalogue...
- Nous vous serions obligés de nous faire parvenir, si possible par retour du courrier, ...

Vous passez une commande :
- Nous vous serions obligés de nous faire parvenir, dans les meilleurs délais...
- Veuillez, je vous prie, nous expédier le plus tôt possible...

Vous répondez à une demande de renseignements :
- En réponse à votre lettre du 5 avril, nous avons le plaisir de vous fournir...
- Je vous remercie de votre lettre du 5 avril. Vous trouverez ci-inclus les documents voulus.

Vous réclamez le paiement d'une facture :
- Je prends la liberté d'attirer votre attention sur ma facture n°... qui n'a pas encore été réglée, et je vous serais reconnaissant(e) de faire le nécessaire dans les meilleurs délais.
- Nous vous serions obligés de bien vouloir...

Vous refusez de faire ce qu'une autre personne vous a demandé de faire, ou ce qu'il vous est impossible de faire :
- C'est avec regret que je vous informe que...
- Nous avons le regret de vous informer qu'il nous est impossible de...
- Malgré mon vif désir, il m'est impossible de donner suite à vos propositions.

TRÈS UTILE

« Je vous prie de bien vouloir faire le nécessaire » est une expression commode pour demander à quelqu'un de s'occuper de quelque chose ou de résoudre un problème.

▶ **À la fin de la lettre** (avant la salutation finale).

– Dans l'attente de vous lire, nous vous prions d'agréer...
– Dans l'attente de recevoir votre réponse, je vous prie d'agréer...

UNE LETTRE TYPE : LA DEMANDE D'EMPLOI

Alain DUPRÉ
45, rue Trudaine
75009 PARIS

> *Madame le Chef du Personnel*
> *Société Cortex*
> *54, rue Rollin*
> *75116 PARIS*
>
> *Paris, le 15 mars 1991*

Madame,

Votre annonce parue dans « Le Figaro » du 14 mars a vivement attiré mon attention. En effet, j'ai assuré pendant trois ans des fonctions d'attaché commercial au sein d'une société d'électroménager. Je souhaite maintenant étendre mon expérience et mettre en valeur mon dynamisme et mon sens de l'organisation. C'est pourquoi un poste de Directeur Commercial dans votre société m'intéresse au plus haut point.

Mon CV ci-joint vous donnera tous les renseignements indispensables concernant ma formation, mon expérience et mes références.

Je reste bien entendu à votre disposition pour répondre à vos questions et mieux connaître le poste à pourvoir.

Dans l'attente de vous rencontrer, je vous prie d'agréer, Madame le Chef du Personnel, l'expression de mes salutations distinguées.

> *Alain DUPRÉ*

PJ : Un Curriculum Vitae.

4 Organigramme de la société Cortex

Dialogues : 12.3 ; 12.4

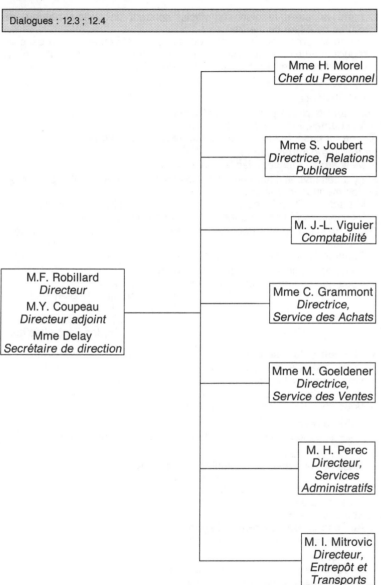

LA VIE PROFESSIONNELLE EN EUROPE

Mme H. Morel
Chef du Personnel

Mme S. Joubert
*Directrice, Relations
Publiques*

M. J.-L. Viguier
Comptabilité

M.F. Robillard
Directeur
M.Y. Coupeau
Directeur adjoint
Mme Delay
Secrétaire de direction

Mme C. Grammont
*Directrice,
Service des Achats*

Mme M. Goeldener
*Directrice,
Service des Ventes*

M. H. Perec
*Directeur,
Services
Administratifs*

M. I. Mitrovic
*Directeur,
Entrepôt et
Transports*

F5 Faire un discours en public

Comme la lettre, le discours officiel contient un certain nombre de formules qu'il faut connaître.

En général, on garde un niveau de langue relativement élevé dans un discours, même dans une situation décontractée, par exemple une soirée pour fêter un anniversaire. Il vaut mieux donc éviter les expressions familières.

▶ L'introduction

Pour faire taire les personnes présentes :
– Mesdames, Messieurs, s'il vous plaît !
(On ne dit pas « Silence ! » et surtout pas « Taisez-vous ! »)

La formule d'introduction :
– Mesdames, Mesdemoiselles, Messieurs...

S'il y a des invités d'honneur et/ou des personnes importantes présentes, on les mentionne d'abord :
– Madame la Directrice, Mesdames, Mesdemoiselles, Messieurs...
– Monsieur le Maire, Mesdames, Mesdemoiselles, Messieurs...

Dans une situation plus décontractée, par exemple les fiançailles de deux collègues :
– Chantal, Simon, chers collègues...

Ensuite, on rappelle le but de la réunion ou fête :
– Nous nous sommes réunis ce soir | pour accueillir
pour souhaiter la bienvenue à...
pour dire au revoir à...
pour fêter | l'anniversaire de...
les fiançailles de...

▶ Le corps du discours

1. Souhaiter la bienvenue/accueillir :
– Nous sommes heureux de vous avoir parmi nous...
– Nous souhaitons la bienvenue à...
– Nous vous souhaitons un bon séjour à/en...

2. Dire au revoir :
– Nous sommes tristes (regrettons) de vous voir nous quitter.

3. Porter un toast :
– Messieurs-dames, | veuillez remplir vos verres...
remplissez vos verres...
(une fois les verres remplis)
– Au succès de notre projet !
– Bon séjour à Berlin !
– Au bonheur de nos deux collègues !
(Voir aussi A15 « Souhaiter quelque chose à quelqu'un ».)

4. Remercier :
– Je voudrais remercier chaleureusement...
– Je voudrais dire un grand merci à...

▶ La fin du discours

En général, on finit avec un simple :
– Merci à tous !
– Merci à tous d'être venus !
– Merci !

F6 La technologie du bureau

Dialogues : 3.5 ; 12.1

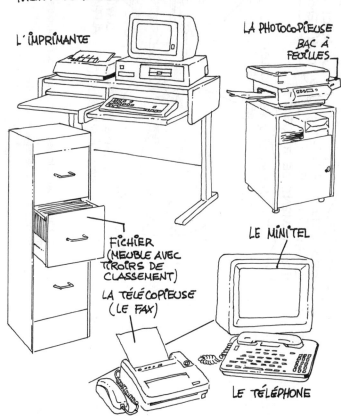

L'ORDINATEUR (AVEC LOGICIEL DE TRAITEMENT DE TEXTE) OU LA MACHINE DE TRAITEMENT DE TEXTE

L'IMPRIMANTE

LA PHOTOCOPIEUSE
BAC À FEUILLES

FICHIER (MEUBLE AVEC TIROIRS DE CLASSEMENT)

LA TÉLÉCOPIEUSE (LE FAX)

LE MINITEL

LE TÉLÉPHONE

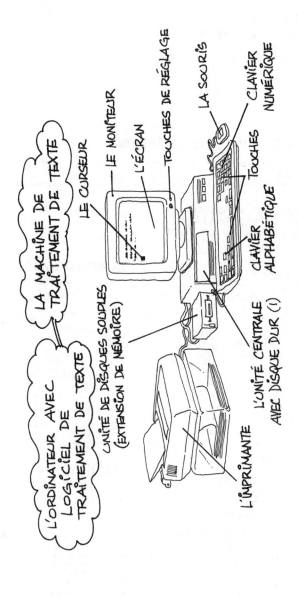

L'ORDINATEUR AVEC LOGICIEL DE TRAITEMENT DE TEXTE

LA MACHINE DE TRAITEMENT DE TEXTE

LE CURSEUR

LE MONITEUR

L'ÉCRAN

TOUCHES DE RÉGLAGE

LA SOURIS

CLAVIER NUMÉRIQUE

TOUCHES

CLAVIER ALPHABÉTIQUE

UNITÉ DE DISQUES SOUPLES (EXTENSION DE MÉMOIRE)

L'UNITÉ CENTRALE AVEC DISQUE DUR (1)

L'IMPRIMANTE

1. L'unité centrale peut contenir plusieurs logiciels. Les logiciels les plus utilisés sont :

le logiciel | de base de données
| de traitement de texte
| de comptabilité

Deuxième partie

Dialogues

1 1 Une jeune étrangère a rendez-vous avec les parents d'une amie française

REGISTRE :
usuel/élevé

Renata Fischer sonne à la porte de M. et Mme Maréchal. Mme Maréchal ouvre.

Mme Maréchal : Oui ?

Renata : ***Bonjour, Madame,*** (A1) ***je suis*** (A4) Renata Fischer, ***l'amie*** (A5) de Christine.

Mme Maréchal : (elle lui serre la main) Ah ! ***Enchantée de vous connaître,*** (A4) Renata. Christine m'a beaucoup parlé de vous. ***Bernadette Maréchal.*** (A4)

Renata : (elle lui serre la main) ***Enchantée, Madame.*** (A4)

Mme Maréchal : Eh bien, ***entrez Renata.*** (A3) Voilà mon mari. ***Chéri, je te présente Renata Fischer.*** (A4)

M. Maréchal : (il lui serre la main) ***Très heureux, Mademoiselle.*** (A4)

Renata : ***Enchantée, Monsieur.*** (A4)

Mme Maréchal : ***Asseyez-vous, je vous prie.*** (A3) ***Vous voulez prendre quelque chose ?*** (A17) Un petit café, peut-être ?

Renata : ***Non merci, c'est très gentil.*** (A17)

1 2 Dans un train

REGISTRE :
usuel

Franco : (à une jeune femme assise en face de lui et qui lit un journal) ***Pardon, Mademoiselle.*** (A6) (La jeune femme ne réagit pas). ***Mademoiselle ?*** (A6) (Elle lève la tête). Euh... ***Je m'excuse de vous déranger,*** (A22) ***mais est-ce que vous savez à quelle heure*** (B1) le train arrive à Nîmes ?

Madeleine : Euh[1], ***vers quinze heures, je crois.*** (B2) Nous sommes à l'heure.

Franco : Ah[2], ce n'est pas comme chez moi, alors.

Madeleine : (elle plie son journal) ***C'est où, chez vous ?*** (B1)

Franco : ***Naples. Je suis Italien.*** (B2)

---

1. « Euh » est très fréquent dans la langue parlée, exprime une hésitation.
2. « Ah » peut exprimer l'admiration, la surprise, la joie, l'impatience, etc.

Pierre : (assis à côté de Madeleine) : Oui, effectivement, les trains marchent bien en France. Alors, ***vous allez à Nîmes ?*** (B1)

Franco : ***Oui, pour la corrida.*** (B2) ***Et vous ?*** (B1)

Madeleine : ***Nous, on habite à Nîmes.*** (B2)

Pierre : ***Vous avez l'heure, s'il vous plaît ?*** (B1)

Franco : Oui, bien sûr... Euh... ***il est une heure moins le quart.*** (B2)

Pierre : Ah là là. (À Madeleine) : Je crois qu'il faut aller manger, sinon il n'y aura plus de places. (à Franco) : ***Vous voulez manger avec nous ?*** (C12)

Franco : ***Oh oui, avec plaisir !*** (C13) Euh... ***Je me présente. Franco Filippo.*** (A4)

Pierre : (il lui serre la main) ***Pierre Maury.*** (A4) ***Ma fiancée, Madeleine Santini.*** (A5)

Franco : ***Enchanté, Mademoiselle.*** (A4) Après vous.

1 3 À la sortie du métro

REGISTRE :
familier

Nathalie : ***Tiens ! Salut,*** (A1) Anne. ***Ça va ?*** (A1)

Anne : ***Ça va. Et toi ?*** (A1)

Nathalie : ***Bof ! On fait aller, quoi.*** (A1) Euh... Dis donc, ***tu connais mon copain Thomas ?*** (A5)

Anne : Non.

Nathalie : ***Alors, euh... Anne, Thomas.*** (A4)

Thomas : ***Bonjour.*** (A1)

Nathalie : ***On prend un petit café ?*** (C12)

Anne : ***Oui, d'accord.*** (C13)

Thomas : ***Moi, j'peux pas.*** (C13) J'ai des choses à faire. (À Nathalie) : ***Alors salut.*** (A2) (À Anne) : À un de ces jours, peut-être. (A2)

Anne : ***Au revoir.*** (A2)

2 1 Chez un agent immobilier

Un jeune couple qui cherche à louer un appartement à Paris, entre chez un agent immobilier.

Mme Breton : Messieurs-Dames, bonjour.

Yves : Bonjour. *On voudrait louer un F2[1] meublé.* (D15)

Mme Breton : Oui. *Dans quel quartier ?* (B1)

Yves : *Si possible,* euh... (E4) *près de la Faculté des Lettres.* (B2)

Mme Breton : Hum[2] ! Je vais voir. (Elle cherche dans ses fiches.) Ah ! vous avez de la chance ! J'ai *un deux pièces, meublé, tout confort, dans la rue Saint-Pierre. C'est à... deux minutes de la Faculté.* (B7)

Marianne : *Le loyer est de combien ?*[3] (B1)

Mme Breton : 4 000 francs, toutes charges comprises. Il faut prévoir en plus un mois de caution et deux mois de loyer à payer d'avance. Le bail[4] *est de trois ans au minimum.* (B2)

Yves : *Comment ! ?* (D22) 4 000 francs !

Mme Breton : Je regrette, Monsieur, mais c'est le prix d'un deux pièces, dans ce quartier. Maintenant, *si vous voulez* (E4) *un petit studio, un peu plus éloigné,* (B2) j'en ai un, et *beaucoup moins cher : 3 000 francs par mois.* (B2) *Je vous le montre ?* (C9)

Yves : *On va réfléchir.* (C11) On reviendra plus tard peut-être.

Mme Breton : Très bien. Au revoir Messieurs-Dames.

1. Les logements en France sont classés F2, F3, F4, F5, etc., selon le nombre de pièces. Un F2 comprend normalement un living/salle à manger et une chambre, un F3 comprend un living/salle à manger et deux chambres et ainsi de suite.
2. « Hum ! » exprime le doute, l'hésitation.
3. Le loyer est de combien ? = combien coûte le loyer ?
4. Le bail = le contrat de location.

2 2   Une chambre à louer

REGISTRE :
usuel

Isabelle : Bonjour Madame. **Je suis** (A4) Mademoiselle Barbaux. Je viens pour la chambre.

Mme Borde : Oui. Entrez. C'est par ici. (Elle ouvre la porte de la chambre.)

Isabelle : **C'est assez sombre.** (B7)

Mme Borde : Le matin, oui, mais **vous avez le soleil l'après-midi.** (B7) Et c'est **très calme.** (B7)

Isabelle : **Je peux faire la cuisine ?** (C18)

Mme Borde : **Oui, il y a un réchaud, là-bas,** (C19) pour préparer les petits plats, c'est tout.

Isabelle : **Il y a une douche ?** (B1)

Mme Borde : **Non. Là, derrière le rideau il y a un coin-toilette avec lavabo et bidet. Et vous avez l'eau chaude.** (B2)

Isabelle : Ce n'est pas exactement ce que je cherche, mais... 1 500 francs **vous avez dit** (C30) au téléphone ?

Mme Borde : Oui, c'est ça.

Isabelle : Je crois que je vais la prendre.

Mme Borde : Attendez, attendez. **Qu'est-ce que vous faites dans la vie ?** (B1)

Isabelle : **Je suis employée de banque.** (B2)

Mme Borde : Très bien.

Isabelle : **Est-ce que je peux recevoir**[1] ? (C18)

Mme Borde : **Oui,** (C19) mais pas trop d'allées et venues. Et, bien entendu, pas trop de bruit après dix heures.

Isabelle : Eh bien, ça me semble raisonnable. **La chambre est libre tout de suite ?** (B1)

Mme Borde : **À partir de samedi.** (B2)

Isabelle : Alors, **c'est parfait.** (D6) **Si vous êtes d'accord,** (E4) bien entendu.

---

1. Recevoir = inviter des amis.

23 Une jeune femme se plaint à son propriétaire

Catherine : Bonjour Monsieur Ruyer. Voici le loyer pour le mois prochain.

M. Ruyer : Merci, Madame. Tout va bien ?

Catherine : Eh bien, justement, *j'ai un petit problème.* (C1) Le chauffe-eau ne marche pas.

M. Ruyer : Ah bon ?

Catherine : *Est-ce que vous pourriez* (C1) demander à quelqu'un de venir jeter un coup d'œil ?

M. Ruyer : Ben[1]... Écoutez, *ça m'ennuie* (D7) d'envoyer un plombier si c'est pas vraiment en panne. *Ça m'étonne* (D22) qu'il ne marche pas, parce qu'il est neuf, vous savez ? Vous avez vérifié la veilleuse ?

Catherine : Mais oui, bien sûr ! *Je vous assure que* (B11) l'appareil est en panne. *Et ça m'énerve* (D7) de ne pas avoir d'eau chaude !

M. Ruyer : Bon, alors, *je vais essayer* (C22) de trouver quelqu'un. *Ne vous en faites pas !* (C23)

Catherine : Le plus tôt possible, hein[2] ?

M. Ruyer : *D'accord ! D'accord !* (D4) *C'est promis !* (C22) Au revoir, Madame.

1. ○ Ben = eh bien.
2. ○ Hein ? = n'est-ce pas ?

24 Un locataire donne des instructions à sa concierge

Christian : Bonjour, madame Lebecq. *Il y a du courrier pour moi ?* (B1).

Mme Lebecq : *Non. Rien aujourd'hui.* (B2)

Christian : Ah bon. Écoutez, *je suis obligé de* (C25) sortir pour deux heures, et il y a ma fiancée qui *doit passer* (B12) me voir ce soir. *Il se peut qu'* (B12) elle arrive avant mon retour. *Vous pourriez* (C1) lui donner mes clés ?

Mme Lebecq : Je ne la connais pas, votre fiancée !

Christian : Mais bien sûr, vous la connaissez ! *Elle est brune avec des cheveux frisés.* (B7)

Mme Lebecq : *Ah, l'Antillaise !* (B7)

Christian : *Elle est sénégalaise,* (B7) Madame.

Mme Lebecq : En tout cas, *elle est jolie.* (B7) *Vous avez de la chance,* (A12) monsieur Christian.

Christian : Et elle aussi, non ?

LES ACHATS

3 1 Dans une grande surface[1]

REGISTRE :
usuel

(Michèle arrive devant l'entrée du magasin.)

Michèle : *Pardon, Madame, est-ce que vous auriez la monnaie de 50 francs* (C1). *Il me faut une pièce* (C25) de 10 francs pour la consigne du chariot.

Une dame : Voilà, Madame. (Elle lui donne cinq pièces de 10 francs.)

(Au rayon fromages.)

La vendeuse : *Madame, vous désirez ?* (C3)

Michèle : *Je voudrais un Crottin de Chavignol* [2] (C3) pour faire cuire et un camembert pas trop fait.

La vendeuse : Voilà. Et avec ça ?

Michèle : *Je vais prendre* (D17) un morceau de roquefort.

La vendeuse : (montrant) : Ça va comme ça ?

Michèle : Non, donnez-m'en un peu moins.

La vendeuse : Ce sera tout ?

Michèle : Oui, merci. *Est-ce que je règle ici ?* (B1)

La vendeuse : *Non, Madame, vous réglez tout à la caisse.* (B2)

(Au rayon poissonnerie.)

Le vendeur : Madame ?

Michèle : *Je voudrais* (C3) quatre filets de cabillaud, s'il vous plaît.

Le vendeur : Ah, *je suis désolé* (A11), Madame, *je n'ai plus de cabillaud aujourd'hui.* (B2) Mais j'ai de la sole en promotion, si vous voulez. *Elle est extra !* (B7)

Michèle : Bon, d'accord. *Donnez-moi* (C3) des filets de sole.

Le vendeur : Et avec ceci ?

Michèle : Donnez-moi aussi une petite barquette de tarama[1].

Le vendeur : Ce sera tout, Madame ?

Michèle : Oui, merci.

(À la caisse.)

Une cliente : Madame, attention, ici c'est la caisse pour moins de cinq articles ! Et votre chariot est plein !

Michèle : *Oh excusez-moi, Madame, je n'avais pas vu !* (A11) Je vais à une autre caisse, dans ce cas !

1. Une grande surface = un très grand supermarché.
2. Fromage de chèvre.
3. Le tarama = crème préparée avec des œufs de poisson fumé.

3 2 Chez le boucher

Le boucher : Bonjour Madame, **vous désirez ?** (C3)

Mme Renard : **Je voudrais quatre steacks.** (C3)

Le boucher : **Qu'est-ce que je vous donne ?** (C9) Filet, faux-filet, entre-côte ?

Mme Renard : **Faites voir l'entrecôte ?** (C2) Non, elle est trop grasse. **Donnez-moi quatre tranches de faux-filet.** (C3)

Le boucher : (montrant) **Ça va, comme ça ?** (C9)

Mme Renard : **Non, c'est trop épais.** (C11) **Un peu plus mince, s'il vous plaît !** (C3)

Le boucher : Voilà, Madame. Et avec ceci ?

Mme Renard : **Il me faut un beau poulet.** (C3)

Le boucher : **Ah ! J'ai de très bons poulets fermiers, aujourd'hui.** (B2)

Mme Renard : **Ils font combien ?** (C3)

Le boucher : 43 francs le kilo.

Mme Renard : **Alors, donnez-moi un poulet pour quatre personnes.** (C3)

Le boucher : Voilà, Madame. Ce sera tout ?

Mme Renard : Oui, merci.

Le boucher : **Alors, cela vous fera 115 francs.** (C3)

Mme Renard : Voilà, Monsieur.

Le boucher : Merci ! **Bonne journée, Madame !** (A15)

33 Dans une boutique

(Une jeune femme, Christiane, veut acheter un jean.)

La vendeuse : ***Mademoiselle ?*** (C3)

Christiane : ***Je voudrais un jean, s'il vous plaît.*** (C3)

La vendeuse : Oui. Vous faites quelle taille ?

Christiane : Je fais du 38.

La vendeuse : Bon, j'ai trois modèles à vous proposer. ***Celui-ci, style classique, celui-ci, plus fantaisie, et celui que vous voyez là, dans la vitrine.*** (B6) C'est notre dernier modèle.

Christiane : Je crois que ***je vais essayer*** (D17) ***celui-là.*** (C3) (B6)

La vendeuse : Le classique, oui.

Christiane : ***Et celui de la vitrine.*** (B6)

La vendeuse : ***D'accord.*** (D4) Alors, ***si vous voulez passer dans la cabine d'essayage...*** (C1) (E4)

(Quelques minutes plus tard, Christiane sort de la cabine d'essayage.)

La vendeuse : Lequel vous préférez ?

Christiane : ***Je préfère celui-ci,*** (D13) le dernier modèle, mais il me serre un peu. ***Je peux essayer la taille au-dessus ?*** (C18)

La vendeuse : ***Bien sûr.*** (C19) Voyons... (Elle cherche un autre jean.) Voilà.

(Christiane essaie le jean et revient.)

La vendeuse : Ça vous va ?

Christiane : Oui, ***il me plaît beaucoup,*** ce jean. (D8) (D10) Je le prends. ***Ça fait combien ?*** (C3)

La vendeuse : 325 francs.

Christine : ***Vous prenez la carte bleue ?*** (B1)

La vendeuse : Bien sûr, Madame.

(Elle lui donne sa carte bleue.)

La vendeuse : Très bien. ***Je vous donne un petit sac ?*** (C9)

Christiane : ***Oui, s'il vous plaît.*** (C10)

3 4 Dans une librairie-papeterie

La vendeuse : *Monsieur ?* (C3)

Jacques : Euh... *je voudrais du papier à lettres, s'il vous plaît.* (C3)

La vendeuse : *Oui Monsieur, voilà.* (C3)

Jacques : *Oh pardon.* (A11) Euh... *c'est du papier-avion que je veux.* (C3) *Excusez-moi.* (A11)

La vendeuse : *Il n'y a pas de mal, Monsieur.* (A11) Voilà. *Et avec ça ?* (C3)

Jacques : Mm... *un bloc-notes. Un grand.* (C3) (Elle indique des petits blocs-notes.)

La vendeuse : On n'a que *ceux-là,* (B6) Monsieur, *de ce format.* (B7)

Jacques : Ah non, *il m'en faut* (C3) *un plus grand que ça.* (B7)

La vendeuse : *Je suis désolée Monsieur,* (A11) nous n'en avons pas.

Jacques : *Tant pis.* (D19) Euh... *vous avez des gros feutres*[1]*, des lavables ? C'est pour écrire sur un tableau blanc.* (B7)

La vendeuse : Voilà des marqueurs, Monsieur. Regardez, mais je crois *qu'ils sont permanents.* (B7)

Jacques : *Vous avez raison.* (D5) *Vous ne savez pas où je pourrais en trouver des lavables ?* (B1)

La vendeuse : *Oh, le seul endroit où vous êtes sûr d'en trouver, c'est chez Delarue. Vous savez, c'est la grande librairie en face de la faculté.* (B2)

Jacques : Ah oui, euh... je vois. Euh... *Merci Madame.* (A10)

La vendeuse : *Il n'y a pas de quoi, Monsieur.* (A10)

---

1. Un feutre = un crayon-feutre.

3 5 Acheter un ordinateur

Le vendeur : Monsieur, *je peux vous renseigner ?* (C6)

Paul : *Oui, je cherche un ordinateur* (F6) personnel. Mais j'hésite entre ces différents modèles.

Le vendeur : D'abord, *dites-moi, c'est pour quelle utilisation ?* (B1)

Paul : *Principalement du traitement de texte.* (F6) Peut-être aussi quelques jeux. Un ami m'a conseillé le ZB 2. Qu'en pensez-vous ?

Le vendeur : Oui, il est bien, mais assez compliqué pour l'utilisation que vous voulez en faire. *Je vous conseillerai plutôt* (C4) le CM qui est à la fois plus simple et plus performant.

Paul : Plus performant ! À quel niveau ?

Le vendeur : *D'abord, il contient un disque dur. D'autre part, il est équipé d'un écran couleur à haute définition.* (F6)

Paul : *Et ça, c'est la souris ?* (F6)

Le vendeur : Oui, et voici le petit tapis qui va avec. Vous voyez, pour ouvrir un document, vous sélectionnez avec la souris et vous cliquez dessus. C'est très simple. *Quant au clavier, il est standard avec 10 touches fonctions.* (F6)

Paul : *Vous pouvez me donner les prix ?* (C3)

Le vendeur : *Alors, l'ensemble ordinateur avec écran, souris, clavier et logiciel de traitement de texte fait 13 000 francs.* (F6)

Paul : *Est-ce que l'imprimante* (F6) *est comprise dans le prix ?* (C3)

Le vendeur : Ah non, l'imprimante fait 3 000 francs et l'imprimante à laser 15 000 francs.

Paul : Très bien. Écoutez, *je vais réfléchir* (D17) et je reviendrai quand je me serai décidé.

Le vendeur : À votre service, Monsieur.

41 À la laverie

REGISTRE :
usuel/familier

L'employée : Bonjour Monsieur. *Une machine ?* (C9)

Vincent : *Deux, s'il vous plaît.* (C10) J'ai beaucoup de linge, aujour-d'hui. *Il faut attendre ?* (B1)

L'employée : *Non, il y en a de libres.* Euh... (B2) voilà votre jeton. *Il vous faut des pièces[1] pour la poudre et le séchage ?* (C9)

Vincent : *Non, merci, j'en ai.* (C11) Au fait, j'ai perdu des chaussettes la dernière fois. *Vous ne les auriez pas retrouvées, par hasard ?* (B1) *Elles sont en coton. Y'en a une beige, et une noire.* (B7)

L'employée : Vous êtes marrant[2], vous ! Des chaussettes, j'en ai en pagaille[3]. J'en trouve tous les jours. *Cherchez dans le panier là-bas.* (C2)

Vincent : Et comment je vais[4] les retrouver dans cette pile ?

L'employée : Ah ! *Ça n'est pas mon affaire.* (D32) Si les clients ne se donnent pas la peine de bien vérifier qu'ils n'ont rien oublié dans la machine...

Vincent : D'accord, d'accord ! *J'ai compris.* (B5) La prochaine fois, je vérifierai.

L'employée : *Eh bien, tant mieux !* (D6)

1. Des pièces = des pièces de 5 F ou de 2 F (à mettre dans la machine).
2. ○ Vous êtes marrant = vous êtes drôle (ironique).
3. ○ En pagaille = beaucoup, trop.
4. Comment je vais... ? = comment est-ce que je vais... ?

42 Au rayon PHOTO

REGISTRE :
usuel

Barbara : Bonjour, j'ai laissé un film à développer la semaine dernière. Je crois que *ça doit être* (B12) prêt.

L'employé : Euh... *normalement, oui* (D1) Mais il y a eu des retards à cause d'une grève au laboratoire. Euh... je vais quand même regarder. *C'est à quel nom ?* (B1)

Barbara : *Gambert, Barbara.* (B2) C'étaient des diapos[1].

L'employé : Voyons. Mmm... Ah ! Voilà. Vous avez de la chance. Elles sont là.

1. ○ Diapo = diapositive.

Barbara : Merci. (Elle ouvre la boîte et commence à regarder les diapositives.) Mais... **celles-ci** (B6) sont complètement ratées[1] ! Regardez.

L'employé : Ah ! Ce sont **les trois dernières.** (B6) **Vous avez dû** (B12) ouvrir votre appareil avant d'enrouler la pellicule jusqu'au bout. La pellicule a été exposée.

Barbara : **Mais non !** (D2) **C'est pas possible !** (B12) Je fais toujours très attention.

L'employé : Vous savez, **ça peut arriver.** (B12) **Et peut-être que** (B12) quelqu'un l'a ouvert en votre absence.

Barbara : **Ah ! Voilà !** (B5) C'est **sans doute** (B12) mon petit frère ! Il va m'entendre[2] si c'est lui !

L'employé : **Il vous faut autre chose ?** (C3)

Barbara : Oui, je vais prendre deux pellicules, une diapos-couleurs 100 asas, et une papier noir et blanc 400 asas.

1. Raté(e) = manqué(e), mal fait(e).
2. Il va m'entendre = nous allons avoir une explication. On utilise cette expression quand on est en colère contre quelqu'un.

4 3 Au rayon HI-FI

L'employé : **Non, non ! Pas sur le comptoir !** (C2) C'est trop lourd. Tenez, **je vous donne un coup de main.** (C6) On va le mettre sur la table là, derrière. Voilà. Alors, qu'est-ce qui ne va pas ?

Jean-Louis : On n'entend rien dans le baffle gauche.

L'employé : Ah bon ? **Vous êtes bien sûr** (B12) que le problème est dans l'amplificateur et pas dans le haut-parleur ?

Jean-Louis : Ah oui, oui. **J'en suis sûr.** (B12) J'ai branché le baffle sur un autre appareil. Il marche bien. **Ça doit être** (B12) l'amplificateur. **Et je tiens à vous dire que je ne suis pas très content.** (D7) Il est presque neuf, vous savez.

L'employé : Euh... vous avez la garantie ?

Jean-Louis : Oui, la voilà.

L'employé : **Je regrette,** (A11) Monsieur, mais cette garantie n'est pas valable en France.

Jean-Louis : Mais **comment ça ?** (C30)

L'employé : Elle est valable seulement dans le pays où vous avez acheté l'appareil.

Jean-Louis : ***Mais, c'est pas croyable !*** (D27) Je ne vais pas retourner à Hong-Kong pour faire réparer mon amplificateur.

L'employé : ***Je suis désolé, Monsieur.*** (A11) Je n'y peux rien.

Jean-Louis : ***Mais c'est inadmissible !*** (D27) Vous êtes le représentant de Chendol, non ?

L'employé : On représente la maison Chendol-Europe. Mais on ne prend pas de responsabilités pour les produits achetés ailleurs.

Jean-Louis : ***C'est pas vrai !*** (D27) ***Bon, ben... faites-le réparer quand même.*** (C2) Puisque je n'ai pas le choix...

44 Une livraison

REGISTRE : usuel

(On sonne à la porte.)

Nathalie : Oui ?

Le livreur : Bonjour, ***on vient livrer les meubles que vous avez commandés.*** (B2)

Nathalie : Ah, très bien !

Le livreur : ***Où est-ce que vous voulez les mettre ?*** (B1)

Nathalie : Alors, le divan, ici, au milieu. La petite table devant et les deux fauteuils de l'autre côté.

Le livreur : Mais il n'y a qu'un fauteuil !

Nathalie : ***Ce n'est pas possible !*** (D22) J'ai commandé deux fauteuils !

Le livreur : ***Qu'est-ce que c'est que cette histoire ?*** (D22) Vous avez le bon de commande ?

Nathalie : Mais oui, regardez !

Le livreur : Ah ben, moi, je n'ai qu'un fauteuil dans mon camion !

Nathalie : Qu'est-ce qui est marqué sur votre bon de livraison ?

Le livreur : « Un canapé-lit, une table et deux fauteuils ». Ah oui, vous avez raison. Il a dû y avoir une erreur à l'entrepôt. ***Je peux téléphoner ?*** (C18)

(Quelques minutes plus tard.)

Ne vous inquiétez pas, Madame, votre fauteuil est au magasin. ***On vous l'apporte demain.*** (D17)

Nathalie : Vers quelle heure est-ce que vous viendrez ?

Le livreur : ***Mais je n'en sais rien, Madame !*** (D3) Ça dépend des livraisons !

Nathalie : Mais je ne vais pas attendre toute la journée ! Dites-moi au moins si vous venez le matin ou l'après-midi !

Le livreur : **Bon, on arrivera certainement dans l'après-midi.** (B12) Mais ça dépend de la circulation[1], hein ?

Nathalie : Bon, d'accord ! Puisque je n'ai pas le choix !

1. On dit aussi « le trafic » pour « la circulation ».

45 Le bricolage

REGISTRE : usuel

Roger fait des petits travaux chez des particuliers.
Il sonne à l'appartement de Madame Laurier.

Roger : Bonjour Madame. Votre voisine Madame Bloch m'a dit que vous aviez une pièce à repeindre ?

Mme Laurier : Ah, oui. Elle m'a dit beaucoup de bien de vous, Monsieur.

Roger : **C'est gentil de sa part.** (A19)

Mme Laurier : Entrez Monsieur. Voilà la pièce.

Roger : **Vous avez choisi la couleur ?** (B1)

Mme Laurier : **Les murs en beige... et le plafond en blanc naturellement.** (B2)

Roger : **En mat ou en brillant ?** (B1)

Mme Laurier : **En mat, bien sûr.** (B2) **Quelle horreur la peinture brillante !** (D10)

Roger : **Bon, bon, je n'ai rien dit !** (D5) Enfin, **moi j'aime bien...** (D10)

Mme Laurier : Alors, **vous me faites un devis**[1] **?** (C1)

Roger : **Peinture comprise ?** (B1)

Mme Laurier : **Mais bien entendu !** (D4) Je ne vais quand même pas acheter la peinture moi-même !

Roger : **D'accord, d'accord !** (D4) Alors pour le travail, disons deux, trois jours. Ça vous fera entre mille cinq cents et deux mille francs. Pour la peinture, il faut que je vérifie au magasin. **Je vous téléphone ce soir ?** (C9)

Mme Laurier : **Oui.** (C10) Normalement, je suis là.

Roger : Alors, **je vous donnerai un devis précis à ce moment-là.** (C9)

Mme Laurier : **Entendu.** (C10) Merci, Monsieur.

1. Un devis = un document écrit qui donne une estimation du prix des travaux à réaliser.

5 1 À la caisse

REGISTRE :
usuel

La caissière : Deux chemises... Deux paires de chaussettes... Un pull... ***Ça fait 920 francs, Monsieur.*** (C3) ***Vous payez comment ?*** (B1)

M. Laclos : Par carte bleue. Oh non, excusez-moi, je ne l'ai pas ! ***Est-ce que je peux payer par chèque ?*** (C18)

La caissière : ***Mais oui, Monsieur.*** (C19) ***Ne le remplissez pas*** (C2), ***c'est la machine qui le fait.*** (B2)
Vous avez une pièce d'identité ? (B1)

M. Laclos : Bien sûr ! ***Voilà mon permis de conduire.*** (B2)

La caissière : C'est parfait. ***Vous signez le chèque, s'il vous plaît ?*** (C1)

M. Laclos : ***Oui, vous me prêtez un stylo ?*** (C1)

La caissière : Voilà, Monsieur !

5 2 À la banque

REGISTRE :
usuel

Un étranger veut ouvrir un compte dans une banque.

L'employée : Asseyez-vous, Monsieur. Qu'est-ce que je peux faire pour vous ?

M. Powell : Je voudrais ouvrir un compte, s'il vous plaît.

L'employée : Oui. Euh, ***vous êtes français ?*** (B1)

M. Powell : Non, ***je suis néo-zélandais.*** (B2) Mais ***je fais un stage d'architecture, et je vais sans doute rester un an ici.*** (B2)

L'employée : Dans ce cas ***vous pouvez ouvrir*** (B13) un compte étranger. Il me faut votre passeport et un justificatif de domicile[1].

M. Powell : Je sais. Voilà mon passeport. Et voilà une quittance de loyer[2].

L'employée : Merci. ***Vous voulez remplir*** (C2) ce formulaire, s'il vous plaît ?

M. Powell : ***Je peux me servir*** (B13) du compte tout de suite ?

L'employée : Ah non. Il faut attendre dix jours à peu près.

M. Powell : ***Ça m'ennuie un peu.*** (D7) Justement j'ai pas mal[3] d'argent liquide que je voudrais mettre en sécurité.

---

1. Un justificatif de domicile = un papier prouvant que vous habitez bien à un endroit.
2. Une quittance de loyer = un papier indiquant que vous avez payé votre loyer.
3. ○ Pas mal de = beaucoup de.

L'employée : En tout cas, **vous n'avez pas le droit de déposer** (B13) de l'argent liquide français sur un compte étranger.

M. Powell : Ben... **Qu'est-ce que je peux faire,** (B13) alors ?

L'employée : **Je vous conseille** (C4) d'acheter des travellers-chèques en devises étrangères.

M. Powell : Mais, mais je vais perdre au change[1] ! Ah non ! **Je préfère** (D13) le mettre sous mon matelas !

L'employée : Ça, **je ne vous le conseille pas !** (C5)

1. Perdre au change = perdre de l'argent en achetant une monnaie étrangère.

5 3 « J'suis fauché[1] »

REGISTRE :
familier

Pierre : Salut André. Dis, **qu'est-ce tu fais cet aprem[2] ?** (C12)

André : Pas grand-chose. Pourquoi ?

Pierre : **Ça te dirait** (C8) d'aller voir un film ? Euh... y'a ce nouveau film polonais, tu sais. Il passe en V.O.[3], au Rex. **Paraît que c'est vachement[4] bien.** (E3)

André : **Bof, ça me dit rien.** (C13) **J'ai envie de** (D15) voir quelque chose de **marrant.** (D9)

Pierre : Alors, y'a Tauber qui vient de sortir un film. Tu sais, le Suisse ? Ça s'appelle euh... « La fête », je crois.

André : **Ah, ça, oui !** (C13) Justement, je voulais le voir. Seulement, **j'ai un petit problème.** (C1) J'ai oublié de passer à la banque ce matin. J'suis fauché. **Tu pourrais pas** (C1) me passer cinquante balles[5] ?

Pierre : Mais oui ! Pas de problème.

André : **Je te les rends lundi, sans faute.** (C22) Ça va ?

Pierre : Bien sûr. Alors, **on y va ?** (C12)

André : **Allons-y.** (C13)

1. ○ Fauché(e) = sans argent.
2. ○ Aprem = après-midi.
3. V.O. = version originale.
4. ○ Vachement = très.
5. ○ Passer cinquante balles = donner (prêter) cinquante francs.

61 Un déjeuner au restaurant

REGISTRE :
usuel

La serveuse : ***Vous êtes combien ?*** (B1)

Marc : ***On est trois.*** (B2)

La serveuse : Il y a une table libre là-bas, juste à côté de la fenêtre. (Ils prennent place.)

Yannick : Dis donc, il y a du monde !

Mathieu : ***Je te l'avais dit, on mange vachement[1] bien ici.*** (D8) Et pour pas cher.

Yannick : Alors, qu'est-ce que tu nous conseilles ?

Mathieu : Oh, le menu à prix fixe, tout simplement. ***C'est toujours bon.*** (D8)

Marc : Qu'est-ce qu'il y a aujourd'hui ? De la choucroute ? ***Ah non, j'ai horreur de ça !*** (D29)

Mathieu : ***Dans ce cas, je te conseille*** (C4) le poulet basquaise, ***il est extra.*** (D8)

Marc : Et toi, Yannick, qu'est-ce que tu prends ?

Yannick : Je n'ai pas très faim, moi. Je prends juste un steack et une salade.

Mathieu : Alors, ça y est ? Vous avez tous choisi ? (à la serveuse) ***Euh, Mademoiselle, on voudrait commander, s'il vous plaît. Un menu, un steack-salade et un poulet basquaise.*** (C3)

La serveuse : ***Et comme boisson ?*** (C3)

Yannick : Du vin rouge, ça vous va ?

Mathieu : Non, pas avec la choucroute ! Je vais prendre un demi[2].

La serveuse : Alors, un pichet de rouge et un demi-pression. ***D'accord !*** (D4)

---

1. ○ Vachement = très.
2. Un demi(-pression) = un quart de litre de bière à la pression.

6 2 Un dîner en famille

Le dîner réunit le père, la mère et les deux jeunes enfants.

Mme Olivier : ***Allez, tout le monde à table !*** (C2)

M. Olivier : Qu'est-ce que t'as fait ? ***Mm ! Du cassoulet. J'aime ça.*** (D10)

Bertrand : Eh ben, ***moi, j'aime pas !*** (D10)

M. Olivier : Tant pis pour toi alors. Je vais manger ta part.

Mme Olivier : Ah, non ! Bertrand, pas d'histoires ! ***Assieds-toi et mange !*** (C2)

Bertrand : Pourquoi ?

M. Olivier : Mais parce que ta mère te le dit. ***Allez !*** (C2)

Christine : Moi, je sais pourquoi il veut pas manger. ***C'est lui qui*** (D25) a mangé tout le chocolat que t'avais acheté, Maman.

Bertrand : ***Tais-toi !*** (C28) ***C'est pas vrai !*** (D26)

Mme Olivier : Vrai ou pas, ***tu mangeras ton cassoulet.*** (C2) Sinon, ***pas question que*** (C21) tu regardes la télé ce soir.

Bertrand : ***Je m'en fiche***[1]. (D14) Y a rien d'intéressant.

M. Olivier : ***Oh là là ! Tu es pénible,*** (D30) Bertrand. ***Tu ne pourrais pas*** (C1) pour une fois, faire ce que ta mère te dit ?

Bertrand : Mais j'ai pas faim.

M. Olivier : D'accord. Très bien ! ***Ne mange pas.*** (C2) ***Mais reste à table.*** (C2) ***Si j'ai bonne mémoire,*** (C26) c'est toi qui fais la vaisselle ce soir.

Bertrand : Mais c'est pas mon tour !

Mme Olivier : Si, Bertrand. Christine l'a faite hier soir.

Christine : Et bon appétit !

1. ○ Je m'en fiche = ça m'est égal.

63 « Ce soir on invite »

Le dîner réunit un couple « bourgeois » M. et Mme Laroche, et deux invités.
Madame Laroche ouvre la porte.

Mme Laroche : Bonsoir Monsieur, Bonsoir Madame. *Entrez, je vous en prie.* (A3) Vous connaissez mon mari, n'est-ce pas ?

Mme Lanchon : Oui. Bonsoir Monsieur. (Elle s'adresse à Mme Laroche) : *Tenez, j'ai pensé que ça vous ferait plaisir.* (A16) (Elle lui donne un bouquet de fleurs.)

Mme Laroche : *Oh, que vous êtes gentille ! Vraiment, il ne fallait pas.* (A10)

M. Laroche : *Tenez, euh... donnez-moi vos manteaux.* (A3)

Mme Laroche : (À Mme Lanchon) *Quelle jolie robe !* (A18)

Mme Lanchon : *Vous trouvez ? C'est gentil à vous.* (A19)

M. Laroche : *Eh bien, asseyez-vous.* (A3) Euh... *Qu'est-ce que je vous offre ?* Euh... *Whisky ? Martini ? Jus de fruits ?* (A17)

Après l'apéritif :

Mme Laroche : *Voulez-vous passer à table ?* (C2) Madame Lanchon, *vous voulez vous mettre là ? Et Monsieur Lanchon, ici.* (C2)

Mme Lanchon : Ça a l'air délicieux !

Mme Laroche : Oh, vous savez, c'est quelque chose de très simple. J'espère que ça vous plaira.

M. Lanchon : Alors, bon appétit !

Vers la fin du repas :

Mme Laroche : *Encore un peu de gâteau, Madame ?* (A17)

Mme Lanchon : *Merci.* (A17) (Avec un léger geste de négation.)

Mme Laroche : *Vous êtes sûre ? Allez, je vous en redonne un tout petit morceau...* (A17)

Mme Lanchon : *Non, vraiment, c'était délicieux, mais j'ai très bien mangé.* (A17)

Mme Laroche : *Alors, un café, peut-être ?* (A17)

Mme Lanchon : *Oui, volontiers.* (A17)

6 4 « L'addition, s'il vous plaît ! »

(C'est la fin du repas.)

Le garçon : ***Vous voulez du café, des digestifs ?*** (C3)

Nicolas : ***Euh... du café seulement. Et l'addition, s'il vous plaît.*** (C3)

(Le garçon revient avec deux cafés et l'addition.) :

Nicolas : (à sa femme) Voyons, ***ça fait combien ?*** (C3) ***Quoi ? Presque cinq cent balles***[1] **!** (D22)

Hélène : Fais voir. ***Quatre cent quatre-vingt-quinze ! Mais, c'est pas possible.*** (D22) ***Il doit y avoir*** (B12) une erreur.

Nicolas : On va voir. Euh... garçon, s'il vous plaît ! ***Je crois qu'*** (B10) il y a une erreur, là.

Le garçon : Mais non, Monsieur. J'ai fait l'addition à la caisse.

Nicolas : Alors, ***vous avez dû*** (B12) compter quelque chose qu'on n'a pas eu... Mm... Ah ! Tenez, regardez. Vous avez marqué deux bouteilles de Saint-Émilion.

Le garçon : Et vous n'en avez bu qu'une ?

Nicolas : Mais, bien sûr !

Hélène : Ah, je sais ce qui s'est passé. On a commandé à l'autre garçon ***d'abord,*** (E2) mais il a oublié de nous l'apporter. ***Alors,*** (E2) on vous a appelé et on a commandé de nouveau. ***Votre collègue a dû*** (B12) marquer la bouteille sur l'addition sans nous l'apporter.

Nicolas : Il est toujours là, l'autre garçon ?

Le garçon : Oui. Je vais lui demander...

(Il revient.)

Oui effectivement, (D5) c'est ce qui s'est passé. ***Excusez-nous.*** (A11)

Hélène : ***Il n'y a pas de mal.*** (A11)

---

1. ○ Cinq cents balles = cinq cents francs.

7 1 Dans un taxi

Mme Bernard : (elle monte dans le taxi) ***Vous m'emmenez à la gare, s'il vous plaît ?*** (C2) Je suis très pressée.

Le chauffeur : Oui Madame. (Le taxi commence à rouler. Le chauffeur tourne à gauche.)

Mme Bernard : Mais pourquoi passez-vous par là ? ***La gare, c'est tout droit !*** (B2)

Le chauffeur : Vous n'avez pas vu la circulation ? ***Par ici, c'est un peu plus long, mais ça roule beaucoup mieux.*** (B2) Il n'y a que deux feux rouges.

Mme Bernard : Mais je n'ai jamais eu de problème dans l'avenue des Mimosas.

Le chauffeur : ***Je vous assure que*** (B11) ça va plus vite par ici.

Mme Bernard : ***Je vous signale que*** (C27) je connais très bien la ville, hein ?

Le chauffeur : Alors, je fais demi-tour ou quoi ?

Mme Bernard : Non, non. ***Continuez.*** (C2) On verra bien si c'est plus rapide. J'ai un train dans un quart d'heure.

Le chauffeur : ***Faites-moi confiance,*** (C23) Madame. Vous l'aurez, votre train.

7 2 L'autobus

REGISTRE :
usuel

Serge : (au chauffeur) *Je voudrais aller au parc Rouanne.* (D15) *C'est combien ?* (B1)

Le chauffeur : *Deux tickets.* (B2)

Serge : *Vous pourriez me dire* (B1) où il faut descendre ?

Le chauffeur : *Vous descendrez rue Jean-Moulin, au troisième arrêt.* (B2) Mais, c'est assez loin.

Serge : *Combien de temps je vais mettre à pied ?* (B1)

Le chauffeur : *Oh, un quart d'heure facilement.* (B2)

Serge : *Comment !* (D22) Tant que ça ?

Le chauffeur : Oui, *vous auriez dû* (C4) prendre le 104. Il passe devant le parc.

Serge : *Ah, bon.* (B5) Je le saurai pour la prochaine fois.

7 3 À la gare

REGISTRE :
usuel

Corinne arrive au guichet où l'on prend les billets.

Corinne : *Un aller-retour pour Chartres, s'il vous plaît. Deuxième classe.* (C3)

L'employé : *110 francs, Madame.* (C3)

Corinne : *C'est quand, le prochain train[1] ?* (B1)

L'employé : *Il doit y en avoir* (B12) *toutes les heures à peu près. En tout cas les horaires sont affichés, là-bas, à droite.* (B2) *Vous n'avez qu'à regarder.* (C4)

Corinne : *Et il y a un service restaurant ?* B1)

L'employé : *Je suis désolé mais je n'en sais rien, Madame !* (B3) (D3) C'est *sans doute* (B12) marqué sur l'horaire.

Corinne : Merci. *Excusez-moi, Monsieur.* (A11)

---

1. C'est quand le prochain train ? = À quelle heure est le prochain train ?

7 4 L'agence de voyages

M. Deschamps : Bonjour. *Je pars en voyage d'affaires* (D17) à Mexico. *Je dois* (C25) être là-bas lundi, mais *je ne peux pas partir avant* (B13) samedi.

L'employé : Bon, je vais regarder... Mais *je vous préviens que* (C27) ça va être assez difficile. *Il n'y a que trois vols Air Europe par semaine. Le lundi, le mercredi et le vendredi.* (B2)

M. Deschamps : *La compagnie, ça m'est complètement égal,* (D14) vous savez. *Il n'y a pas de vols, euh, ... Air Mexique ? ou Trans-Atlantique ?* (B1)

L'employé : *Apparemment, non. Il n'y a pas de vols directs samedi ou dimanche.* (B2) La seule possibilité c'est d'aller soit à New York, soit à Rio, et de prendre une correspondance.

M. Deschamps : Mais, *ça doit être* (B12) beaucoup plus long.

L'employé : *Effectivement, c'est plus long.* (D4) Mais, si vous voulez partir samedi ou dimanche...

M. Deschamps : Ah, non non non. Je ne vais pas passer mon week-end dans un avion, quand même. *Faites-moi une réservation* (C2) pour le vol Air Europe du lundi. *Il part à quelle heure ?* (B1)

L'employé : *À 11 heures, Monsieur. Arrivée 17 heures, heure locale. Ça fait 9 heures de vol.* (B2)

7 5 À la station-service

(Uschi, une jeune femme allemande en voyage d'affaires, s'arrête à une station-service dans une ville de province.)

Le pompiste : Bonjour, Madame.

Uschi : Bonjour, Monsieur. **Le plein, s'il vous plaît.** (C3)

Le pompiste : Oui, Madame.

Uschi : **Et, est-ce que vous pourriez** (C1) vérifier les pneus et l'huile ?

Le pompiste : D'accord. **Vous me donnez la clé du réservoir, s'il vous plaît ?** (C1)

Uschi : Voici. **Au fait, est-ce que vous faites les réparations ici ?** (B1)

Le pompiste : Oui, on a deux mécaniciens. Mais, ils sont très pris aujourd'hui. Qu'est-ce qui ne va pas ?

Uschi : **Je ne sais pas.** (D3) **J'ai eu du mal à démarrer ce matin, et le moteur ne tourne pas bien.** (B2)

Le pompiste : **On peut regarder ça demain si vous voulez.** (C9) **Vous pouvez nous laisser la voiture ?** (B13)

Uschi : Euh, oui. **Mais combien de temps ça va prendre ?** (B1)

Le pompiste : Ah, je ne sais pas. Ça dépend du problème. Mais **ça m'étonnerait que** (B12) ça prenne plus d'une demi-journée.

Uschi : D'accord, **je vous laisse la voiture demain matin.** (D17) À quelle heure ?

Le pompiste : Ben, à partir de sept heures et demie.

Uschi : **Je vous dois combien ?** (C3)

Le pompiste : Bon, **vous n'aviez pas besoin d'huile.** (B2) Ça fait 190 francs pour l'essence.

Uschi : Voilà, Monsieur. Merci et à demain.

Le pompiste : Au revoir, Madame.

8 1 Le concert

REGISTRE :
familier

Patrick et Nelly sortent d'un concert donné par un chanteur « engagé ».

Patrick : Alors, **ça t'a plu ?** (D10)

Nelly : **Bof, pas tellement.** (D10) Moi, **j'trouve ses nouvelles chansons moins bonnes.** (B10) Il devient vachement[1] conservateur, non ?

Patrick : **Mais non ! Pas du tout !** (D4) Il chante un peu moins la révolution, c'est tout.

Nelly : **Et alors ?** (D14)

Patrick : De là à être conservateur, il y a un bon bout de chemin[2].

Nelly : **Oh, si tu le dis...** (D4) En tout cas, **j'en ai marre de** (D30) ses histoires d'écologie.

Patrick : **Moi, j'aime bien.** (D10) **Ça m'intéresse.** (D24) **Tu ferais mieux de** (C4) t'y intéresser un peu, toi aussi. (Il allume une cigarette.)

Nelly : **Tu m'énerves,** (D30) toi ! Tu te dis écolo[3] et tu pollues mon air avec tes sales clopes[4] ! Hypocrite, va !

1. ○ Vachement = très.
2. ○ Il y a un bon bout de chemin = il y a une grande différence.
3. ○ Écolo = écologiste.
4. ○ Une clope = une cigarette.

8 2 Aux sports d'hiver

REGISTRE :
usuel

Didier : Pardon, Madame, **on voudrait** (D15) louer des skis et des chaussures.

Mme Doucet : Oui, **vous pouvez** (B13) en louer ici. **C'est pour combien de temps ?** (B1)

Stéphane : **Une semaine.** (B2)

Mme Doucet : D'accord. **Vous n'êtes pas débutants ?** (B1)

Didier : **Non, euh... c'est-à-dire on a fait plusieurs stages[1],** (B2) donc **on s'y connaît** (B14) un peu.

Mme Doucet : Bon alors je suppose que **vous savez choisir** (B14) vos chaussures ?

Didier : Oh, oui !

1. On a fait plusieurs stages = on a suivi plusieurs fois des cours de ski.

Mme Doucet : Bien. *Les chaussures sont là-bas au fond. Et les skis, vous les trouverez dans la pièce à côté.* (B2)

Stéphane : *Les pistes sont bonnes aujourd'hui ?* (B1)

Mme Doucet : *Ça dépend de ce que vous voulez. Il y a beaucoup de neige fraîche sur les pistes d'en haut. En bas, c'est plutôt tassé.* (B2)

Stéphane : Moi, dans la poudreuse[1], je ne tiens pas debout. Je crois qu'on va rester sur les pistes d'en bas.

Didier : Enfin, le plus important, c'est qu'il fasse beau. *Qu'est-ce que la météo a annoncé pour aujourd'hui ?(B1)*

Mme Doucet : *En principe, il doit faire beau. Mais on ne sait jamais, hein ? Dans la montagne, ça change vite.* (B2) En tout cas, *je vous souhaite un bon séjour,* (A15) Messieurs.

Didier et
Stéphane : Merci bien, Madame.

1. La poudreuse = la neige fraîche qui n'est pas tassée et où on a du mal à skier.

8 3 À la discothèque

REGISTRE : usuel/familier

Éric : (il s'approche d'une jeune fille assise) *Vous voulez danser ?* (A7)

Hélène : *Non, merci.* (A9)

Éric : Allez ! Pour une fois qu'il y a de la place sur la piste[1].

Hélène : *Non, vraiment.* (B11) *Je préfère rester assise.* (D13)

Éric : (il voit une chaise inoccupée à côté d'Hélène) *Et cette place, elle est libre ?* (B1)

Hélène : *Euh, c'est-à-dire,* (E5) euh, je suis avec un copain. Il est allé me chercher à boire.

Éric : Alors, on fait un petit tour de piste[2] en attendant qu'il revienne ?

Hélène : *Écoutez, j'ai déjà dit non !* (B11) *Laissez-moi tranquille, s'il vous plaît !* (C29)

Éric : Ça va ! Ça va ! J'ai compris ! (Il s'en va.) *Y en a marre*[3] (D30) des filles qui viennent pour rester assises !

1. La piste = l'endroit où l'on danse.
2. On fait un petit tour de piste = on danse un peu.
3. ○ Y en a marre = j'en ai assez...

84 La guitare

REGISTRE :
familier

Chez Corinne.

Claire : Oh, **elle est chouette**[1], (D23) ta guitare ! Tu sais jouer ?

Corinne : Oh, pas très bien. J'ai suivi des cours pendant un moment, et puis j'ai laissé tomber[2]. Maintenant je joue pour moi.

Claire : **Tu veux me jouer un petit morceau ?** (C1)

Corinne : Oh, non, vraiment. Je joue mal.

Claire : Je suis sûre que non ! **Vas-y.** (C24) Un tout petit morceau, juste pour moi.

Corinne : Bon, si tu veux. Mais **je te préviens, ça va être moche**[3]. (D8) (Elle joue.)

Claire : (elle applaudit) **Bravo ! ! C'était vraiment formidable !** (D23) C'était quoi ça[4] ?

Corinne : Oh, j'sais pas. C'est quelque chose que j'ai fait moi-même. **Ça te plaît ?** (D10)

Claire : Oui, **ça me plaît beaucoup !** (D10) Vraiment, tu l'as composé toi-même ?

Corinne : Eh, oui. Ça t'étonne ?

Claire : Ben, oui et non. C'est-à-dire que c'est tellement bien que **tu devrais** (C4) faire écouter ça à des professionnels.

Corinne : Tu es gentille !

Claire : Non, mais franchement, hein ? **C'est très bien !** (D8)

1. ○ Chouette = joli(e).
2. ○ Laisser tomber = abandonner, renoncer.
3. ○ Moche = mauvais, laid.
4. ○ C'était quoi ça ? = qu'est-ce que c'était ?

85 Le tour de France

REGISTRE :
usuel

Dans la rue d'une ville de province.

Jean-Louis : **Pardon, Monsieur, est-ce que vous pourriez me dire** (B1) où il faut aller pour voir passer les cyclistes ?

M. Martin : Ah, **ils ne passent pas par ici,** (B2) Monsieur.

Jean-Louis : **Mais, c'est bien la rue principale, non ?** (B1)

M. Martin : Oui, mais justement, *ils ne traversent pas la ville à cause des problèmes de circulation. Ils arrivent place Clemenceau et ils prennent l'avenue Monceau. Tenez, vous descendez cette rue, là ;* (B2) et puis, vous voyez les feux, là-bas ?

Jean-Louis : Euh..., oui, oui, je les vois.

M. Martin : Alors, *vous allez prendre la première rue à gauche, et vous allez la suivre jusqu'au bout. Là, vous tournerez encore à gauche, et la place Clemenceau, vous tombez dessus.*[1] (B2)

Jean-Louis : Merci. Euh... *c'est loin ?* (B1)

M. Martin : *Mm..., ça doit faire* (B12) *une bonne dizaine de minutes à pied* (B2) hein ? Dépêchez-vous, les cyclistes peuvent arriver d'un instant à l'autre.

Jean-Louis : Pas de problème. J'ai mon vélo !

1. Vous tombez dessus = vous arrivez directement dessus.

8 6 Prendre un rendez-vous

REGISTRE :
usuel/familier

Daniel : Salut Jean-Paul.

Jean-Paul : Salut. Dis donc, j'crois que j'ai trouvé une bagnole[1] à acheter. C'est une R5[2]. ...Seulement *je n'y connais rien.* (B14) *Est-ce que tu pourrais* (C1) y jeter un coup d'œil ? *Tu es libre euh... pendant le week-end par exemple ?* (C17)

Daniel : *Oui, pas de problème. Quel jour ?* (C17)

Jean-Paul : *Samedi après-midi, ça te va ?* (C17)

Daniel : *Pas tellement. J'ai rendez-vous samedi soir, à six heures. Mais dimanche matin, je suis libre.* (C17)

Jean-Paul : *Ça m'arrange aussi. Alors, euh... à quelle heure ?* (C17)

Daniel : *Euh, vers 10 heures chez toi ?* (C12) *Tu veux que je passe te chercher ?* (C6)

Jean-Paul : *D'accord.* (C7) *Merci, hein !* (A10)

Daniel : *De rien.* (A10) *Mais tu me paieras l'apéritif après !* (C12)

1. ○ Une bagnole = une voiture.
2. Une R5 = une Renault 5.

9 **1** Au musée

M. Leroux : ***Deux entrées, s'il vous plaît.*** (C3)

L'employé : On ne vend plus de billets aujourd'hui, Monsieur. Le musée ferme dans dix minutes.

M. Leroux : ***Comment !*** (D22) ***Mais c'est ridicule !*** (D30) On veut simplement voir les peintres de la région.

L'employé : Non, Monsieur, je regrette. ***Il faut*** (C25) revenir demain matin, à 10 heures.

M. Leroux : Allez, ***vous ne pourriez pas*** (C1) faire une petite exception ? Cinq minutes, c'est tout ce qu'on vous demande.

L'employé : ***Ce n'est pas la peine d'insister,*** (B11) Monsieur. ***Je vous dis de*** (B11) revenir demain.

M. Leroux : Mais on part demain matin !

L'employé : Eh bien, tant pis ! Revenez plutôt l'année prochaine.

M. Leroux : ***Ah là là ! C'est pas croyable !*** (D30) Il y a peu de chance qu'on revienne, hein.

9 **2** « Où est la gare ? »

Dans la rue

La vieille dame : ***Mademoiselle, s'il vous plaît !*** (A6)

Marie-Hélène : Oui ?

La vieille dame : ***Je cherche la gare routière[1]. Vous pourriez m'indiquer le chemin ?*** (B1)

Marie-Hélène : Mais, oui, bien sûr. Mais, dites donc, vous êtes chargée !

La vieille dame : Oui, elle est lourde, ma valise.

Marie-Hélène : Écoutez, moi, je passe juste à côté de la gare routière. ***Voulez-vous que je vous accompagne ?*** (C6) Comme ça, ***je peux vous aider à porter votre valise.*** (C7)

La vieille dame : ***Ah, c'est très gentil, Mademoiselle.*** (C6) Mais vous n'êtes pas pressée ?

Marie-Hélène : **Non, pas du tout.** (D2) Tenez, donnez-moi votre valise.

La vieille dame : **Merci beaucoup, Mademoiselle, vous êtes vraiment très aimable !**

Marie-Hélène : **Ce n'est rien, Madame.** (A10) C'est tout à fait normal.

1. La gare routière = la gare pour les services d'autocars.

9 3 Au camping

(Une famille suédoise en vacances fait la connaissance d'un français dans un camping en Bretagne.)
Monsieur Lemaire a des difficultés à planter sa tente. La famille Olsen occupe l'emplacement d'à côté.

M. Olsen : **Je peux vous donner un coup de main ?** (C6)

M. Lemaire : **Oui, c'est très gentil, merci.** (C7). C'est plus facile à deux. Ma femme m'aide normalement, mais elle est allée au supermarché avec les enfants.

M. Olsen : (il l'aide) **Vous passez vos vacances ici ?** (A23)

M. Lemaire : Oui..., quelques jours seulement. Après on va à Quimper chez mes beaux-parents. Ma femme est bretonne. **Vous connaissez bien la Bretagne ?** (A23)

M. Olsen : Non, c'est la première fois qu'on vient ici.

M. Lemaire : **C'est un très joli pays.** (A23)

M. Olsen : **Oui, ça nous plaît beaucoup.** (D10)

M. Lemaire : **Et vous avez de la chance parce qu'il fait beau. Ce n'est pas toujours le cas ici, vous savez.** (A23)

(La tente est installée.)

M. Lemaire : Ça y est. **Merci beaucoup.** (A10) **Au fait, je m'appelle Jean-Louis. Jean-Louis Lemaire.** (A4)

M. Olsen : (il lui serre la main) **Enchanté. Lars Olsen. Je vous présente ma femme Helga et ma fille Birgit.** (A4)

M. Lemaire : **Bonjour Madame, bonjour Mademoiselle.** (A4) Dites, il y a un petit café juste à côté. **Ça me ferait plaisir que vous preniez l'apéritif avec nous tout à l'heure.** (A7)

M. et Mme Olsen : **Oui, avec plaisir.** (A8)

M. Lemaire : **C'est moi qui invite,** hein ? (A7) On y ira dès que ma femme et les enfants reviendront.

9 4 À l'hôtel

(Une Française réserve une chambre pour des amis étrangers.)

L'employé : Mademoiselle ?

Hélène : *Je voudrais réserver une chambre pour des amis, s'il vous plaît.* (C3)

L'employé : *Pour combien de personnes ?* (B1)

Hélène : *Pour trois personnes. Deux adultes et un enfant.* (B2)

L'employé : *L'enfant a quel âge ?* (B1)

Hélène : *Dix ans, je crois.* (B12)

L'employé : Alors, vous voulez une chambre avec un grand lit et un lit-divan.

Hélène : *Oui, je crois que ça va aller.* (B12)

L'employé : Et vous la voulez pour quand, cette chambre ?

Hélène : À partir du lundi, 10 avril. Pour une semaine.

L'employé : Alors, voyons... oui, il y a une chambre disponible. *Elle est située au quatrième étage et il y a une salle de bains. Elle donne sur la rue, mais comme vous le voyez, la rue n'est pas très bruyante.* (B7)

Hélène : *Oui, ça me semble bien.* (B10) *La chambre fait combien ?* (C3)

L'employé : 350 francs.

Hélène : Le petit déjeuner est compris ?

L'employé : Non, le petit déjeuner est en plus. Il fait 30 F.

Hélène : Bon, je vais réserver cette chambre, alors.

L'employé : C'est à quel nom ?

Hélène : Poulos. Ce sont des amis d'Athènes.

L'employé : *Vous pouvez verser des arrhes ?* (C2)

Hélène : J'ai ma carte bleue. Ça va ?

L'employé : *Oui. Donnez-moi le numéro de votre carte,* (C2) s'il vous plaît.

95 Au château

M. Maure : (à sa femme) Regarde ! ***Je suis sûr que*** (B12) cette chaise n'est pas du dix-septième siècle. Elle est plus ancienne.

Mme Maure : Non, ***moi je trouve*** (B10) qu'elle est typique du dix-septième.

M. Maure : Eh bien, ***je te dis*** (B11) qu'elle est plus ancienne !

Mme Maure : ***Pourquoi pas*** (C12) demander au guide ?

M. Maure : ***Bonne idée !*** (C13) (C15)... Pardon, Monsieur, ***vous pourriez me donner un renseignement ?*** (C1)

Le guide : Mais, bien sûr, Monsieur ! Je suis là pour répondre à vos questions.

M. Maure : ***Euh..., cette chaise, elle est de quelle époque ?*** (B1)

Le guide : ***Du seizième siècle, Monsieur.*** (B2)

M. Maure : (à sa femme) Je te l'avais bien dit, non ?

Mme Maure : Mais le château date du dix-septième siècle. ***Comment ça se fait ?*** (B1)

Le guide : C'est très simple. ***Elle vient de l'ancien château familial, qui n'existe plus, mais qui a été construit au quatorzième siècle. Le comte Henri de Beaufort, qui a fait construire ce château-ci, avait gardé certains meubles de l'autre.*** (B2)

M. Maure : ***Ah, voilà.*** (B5)

Mme Maure : ***Merci du renseignement, Monsieur.*** (A10)

Le guide : ***À votre service, Messieurs-Dames.*** (A10)

96 À la plage

(Denis fait la connaissance de Susan.)

Denis : **Vous nagez bien.** (A18)

Susan : **Vous trouvez ?** (A21) C'est difficile à la plage quand il y a tellement de gens. J'ai plutôt l'habitude de la piscine.

Denis : **Vous êtes anglaise ?** (A23)

Susan : Oui. Je suis en vacances. **Et vous ?** (A23)

Denis : Moi, je suis d'ici.

Susan : **Vous avez de la chance alors. Vous devez venir souvent à la plage.** (A23)

Denis : Oh, vous savez, j'ai pas souvent l'occasion.

Susan : Ça c'est vraiment dommage. Pourquoi ?

Denis : Ben, je travaille à mi-temps dans une banque, et puis je fais des études.

Susan : **Qu'est-ce que vous faites comme études ?** (A23)

Denis : Je fais du droit.

Susan : **C'est bien ?** (A23)

Denis : Oh, c'est pas mal. **Et vous, vous êtes étudiante ?** (A23)

Susan : Non, je travaille pour une agence de publicité.

Denis : **Euh, vous aimez le cinéma ?** (A23) (A7)

Susan : Oui, pourquoi ?

Denis : On donne un film vraiment chouette à l'Odéon ce soir. **Vous voulez venir ?** (A7)

Susan : **Oui, avec plaisir,** (A8) mais je suis ici avec ma sœur. Je ne peux pas la laisser seule.

Denis : Ben, elle n'a qu'à venir, elle aussi.

Susan : **C'est gentil.** (A10) La voilà qui arrive. **On va lui demander.** (D17)

10 1 Envoyer une lettre

La postière : Mademoiselle ?

Élodie : *Je voudrais* (D15) envoyer cette lettre en Argentine, Madame.

La postière : Oui, *par avion ?* (B1)

Élodie : *Par avion.* (B2)

La postière : Bon, alors, vous me la donnez, je la pèse... *Il faut* (C25) *l'affranchir à 6 francs 50.* (B2)

Élodie : *Comment ? Je n'ai pas compris.* (C30)

Le postière : *Je dis qu'* (B11) *il faut* (C25) *payer 6 francs 50.* (B2)

Élodie : *Ah bon.* (B5) Voilà. (Elle lui donne une pièce de dix francs.)

La postière : *Merci.* (A10) Et voilà, 6,50, 7, 7 et 3, 10.

Élodie : *Merci, Madame.* (A10) *Au revoir, Madame.* (A2)

La postière : *Au revoir, Mademoiselle.* (A2)

10 2 Envoyer un paquet

Devant une librairie où Peter vient d'acheter des livres.

Béatrice : *Où tu veux les envoyer, tes cadeaux ?* (B1)

Peter : *Chez ma sœur, dans le Manitoba.* (B2)

Béatrice : *Tu veux que je t'accompagne* (C6) à la poste ?

Peter : *Ah, oui, merci !* (C7) *je ne connais pas très bien le système.* (B14)

Béatrice : Bon d'abord, *c'est pas la peine* (C4) de les emballer, tes cadeaux. Tu peux acheter un paquet tout fait au bureau de poste.

Peter : C'est pratique, ça ! On y va, alors ?

Au bureau de poste. Peter achète son paquet, y met ses cadeaux, et va au guichet.

Peter : *Je voudrais* (D15) envoyer ce paquet au Canada, s'il vous plaît.

La postière : Par avion ?

Peter : *C'est combien par avion ?* (C3)

La postière : Attendez. (Elle pèse le paquet.) *Ça vous fera soixante-dix francs.* (C3)

Peter : *Oh, non, alors. C'est trop cher.* (C3)

La postière : *Tarif ordinaire, alors ? Dans ce cas, c'est trente deux francs.* (C3) *Vous voulez* (C2) remplir la fiche de douane, s'il vous plaît ?

Béatrice : *Et s'il veut les envoyer en recommandé*[1], (E4) Madame ?
(À Peter) : Ils sont importants, ces cadeaux, n'est-ce pas ? Alors *je te conseille* (C4) de les envoyer en recommandé. C'est plus sûr.

La postière : Vous avez rempli la fiche pour les objets en recommandé ?

Peter : Comment ? Euh, non, non...

La postière : Alors, *allez là-bas* (C2) et remplissez la fiche.

Peter : Euh...

Le client qui se trouve dans la queue, derrière Peter, s'impatiente.

Le client : Hé, *qu'est-ce qui se passe ?* (D31) Allez, Monsieur, vous vous décidez ?

Béatrice : Viens. On va remplir la fiche et laisser passer les autres.

Le client : Enfin ! Bon, *je voudrais trois aérogrammes, Mademoiselle.* (C3)

La postière : *Oh, je suis désolée, Monsieur. J'en ai plus !* (C3)

---

1. En recommandé = taxe spéciale qui garantit le bon acheminement d'une lettre, d'un paquet.

11 1   Chez le pharmacien

REGISTRE :
usuel

Solange : ***Je voudrais du dentifrice, du Sanodent, s'il vous plaît.*** (C3)

Le pharmacien : ***Oui, petit modèle ou grand modèle ?*** (B6)

Solange : ***Un grand.*** (B6) Et puis, ***je voudrais quelque chose pour soigner un rhume.*** (C3)

Le pharmacien : Un rhume comment[1] ? ***Vous avez mal à la gorge, vous toussez ?*** (B8)

Solange : Non, ***j'ai le nez qui coule...*** (B8) et puis, ***j'ai un peu mal à la tête et aux yeux.*** (B8)

Le pharmacien : Alors, ***je vous conseille*** (C4) de l'aspirine, ou peut-être mieux, de l'antihistaminique. Vous avez ***sans doute*** (B12) un peu de sinusite.

Solange : Euh... je prends de l'antihistaminique[2], alors.

Le pharmacien : Oui, Madame. Mais ***faites attention,*** (C27) hein ? Ça a tendance à vous endormir. ***Et il ne faut surtout pas*** (C5) boire d'alcool avec.

Solange : D'accord. Merci de me l'avoir dit.

1. Un rhume comment = quelle sorte de rhume ?
2. Antihistaminique = antiallergique.

112 Chez le médecin

Le médecin : Entrez, Monsieur. Alors, *qu'est-ce qui ne va pas ?* (B8)

M. Giraud : Eh bien, depuis un certain temps, *j'ai du mal à dormir et je n'ai presque plus d'appétit.* (B8) *Je me sens déprimé.* (D28) J'ai sans doute besoin de somnifères[1] ou d'un calmant quelconque.

Le médecin : Mmm, vous savez, *il vaut mieux* (C4) éviter ce genre de médicament, *si on peut...* (E4) *Vous avez ces symptômes depuis combien de temps exactement ?* (B1)

M. Giraud : *Ben, trois mois à peu près.* (B2)

Le médecin : *Vous avez un travail très prenant ?* (B1)

M. Giraud : *Oui, très.* (C2) Il m'arrive souvent de travailler le soir et le week-end.

Le médecin : *Vous êtes obligé de travailler autant ?* (B1)

M. Giraud : *Oui.* (B2) On licencie beaucoup dans notre entreprise. Et j'ai 45 ans. *Si on me met à la porte, j'ai peur de ne rien trouver d'autre.* (E4)

Le médecin : *Vous êtes marié ?* (B1)

M. Giraud : *Séparé.* (B2)

Le médecin : *Vous fumez ?* (B1)

M Giraud : *Oui.* (B2)

Le médecin : Bon, *enlevez votre veste,* (C2) s'il vous plaît. Je vais vous examiner.

(Un peu plus tard.)

Le médecin : Eh bien, Monsieur, vous êtes surmené[2], je crois. Pour l'instant, il n'y a rien de bien grave, mais *attention !* (C27) *il vaut mieux* (C4) vous ménager[3].

M. Giraud : *Vous pouvez* (C1) me donner une ordonnance[4] pour des tranquillisants ?

Le médecin : Si vous voulez. Mais *je vous préviens* (C27) que ce n'est pas une solution. *Il faut absolument* (C25/C4) que vous changiez votre mode de vie.

---

1. Un somnifère = un médicament qui fait dormir.
2. Être surmené = trop travailler.
3. Se ménager = prendre soin de sa santé.
4. Une ordonnance = prescription de traitement faite par un médecin, permettant d'acheter des médicaments dont certains ne sont pas en vente libre.

M. Giraud : Facile à dire !

Le médecin : ***Essayez au moins*** (C14) de faire un peu de sport ; simplement de la marche à pied, par exemple : ça détend et c'est bon pour le souffle.

M. Giraud : ***Je vais essayer !*** (D15)

113 Un petit accident

(Un passant voit une vieille dame qui vient de tomber.)

Le passant : ***Madame, ça va ? Vous vous êtes fait mal ?*** (B8)

La dame : Ouïe, mon pied ! ***J'espère que je ne me suis pas cassé quelque chose !*** (B8)

Le passant : Est-ce que vous pouvez vous relever ?

La dame : ***Oui, mais ça fait vraiment mal de marcher. Ça doit être une entorse.*** (B8)

Le passant : Attention à votre main ! Elle saigne.

La dame : Oh ça, ce n'est rien. C'est juste une égratignure.

Le passant : ***Mais qu'est-ce qui vous est arrivé ?*** (B1)

La dame : Je ne sais pas, j'ai glissé sur quelque chose et j'ai perdu l'équilibre... ***Oh là là, je n'arrive pas à marcher.*** (B13)

Le passant : ***Vous voulez que*** (C6) j'appelle un médecin ? ***Je peux prévenir le SAMU***[1]. (C6)

La dame : ***Merci, Monsieur, vous êtes très aimable.*** (A10)

1. SAMU = Service d'assistance médicale d'urgence.

114 « Je ne me sens pas bien »

Nicole : Salut Henri ! Oh dis donc, *t'as pas bonne mine aujourd'hui !* (B8)

Henri : Ça m'étonne pas. *Je me sens pas bien du tout.* (B8)

Nicole : *Pauvre vieux !* (A13) *Qu'est-ce que tu as ?* (B8)

Henri : *J'ai un mal de tête affreux.* (B8)

Nicole : *C'est une migraine ?* (B8)

Henri : J'sais pas. Je l'ai depuis avant-hier.

Nicole : *Tu crois pas que tu devrais* (C4) aller voir un toubib[1] ?

Henri : *Bof ! J'ai pas tellement envie* (D16). *Mais si ça continue, j'irai peut-être.* (E4)

Nicole : Tu lis beaucoup en ce moment ?

Henri : Et comment ! Avec les examens dans dix jours, *j'ai la trouille*[2], (D20) parce que j'ai pas assez travaillé au cours de l'année.

Nicole : Et tu ne portes pas de lunettes ?

Henri : Ben, j'en ai, mais *ça me casse les pieds*[3] (D7) de les mettre. J'ai l'air d'un crétin[4].

Nicole : T'es plutôt crétin de ne pas les mettre *si t'en as besoin.* (A4) C'est sans doute ça qui te donne mal à la tête. *Alors, ce soir tu vas les mettre, hein ?* (C4)

Henri : Oui, maman, je mettrai mes lunettes. *C'est promis !* (C22)

---

1. ○ Un toubib = un médecin.
2. ○ J'ai la trouille = j'ai peur.
3. ○ Ça me casse les pieds = ça m'ennuie.
4. ○ Un crétin = un idiot.

115 Fixer un rendez-vous avec le dentiste

REGISTRE : usuel

La réceptionniste : ***Allô ? Cabinet du docteur Gautier. Bonjour.*** (A1)

Mme Darbon : ***Bonjour.*** (A1) ***Je voudrais prendre rendez-vous avec Monsieur Gautier, s'il vous plaît.*** (C17)

La réceptionniste : Oui, Madame. ***Quand voulez-vous venir ?*** (C17)

Mme Darbon : ***Le plus tôt possible.*** (C17) ***J'ai une dent qui me fait très mal.*** (B8) ***Est-ce que je pourrais venir cet après-midi par exemple ?*** (C17)

La réceptionniste : ***Ah non, Madame, je regrette, Monsieur Gautier n'est pas là cet après-midi. Mais vous pouvez venir demain matin à 10 heures. Ça vous convient ?*** (C17)

Mme Darbon : Puisque je ne peux pas le voir aujourd'hui... ***oui, ça va.*** (C17)

La réceptionniste : ***Votre nom, s'il vous plaît ?*** (B1)

Mme Darbon : ***Darbon. Madame Darbon.*** (B2)

La réceptionniste : ***Vous êtes déjà venue ici, Madame ?*** (B1)

Mme Darbon : ***Mais oui ! Monsieur Gautier me connaît très bien.*** (B2)

La réceptionniste : Alors, ***demain matin, à dix heures.*** (C17)

Mme Darbon : ***Entendu.*** (C17) Au revoir, Mademoiselle.

12 1 À la recherche d'un emploi

(Dans une agence d'intérim[1].)

Mme Delay : Bonjour, Mademoiselle, asseyez-vous, je vous en prie. **_Qu'est-ce que je peux faire pour vous ?_** (C9)

Astrid : Bonjour, Madame. Voilà. **_Je suis à la recherche_** (B1) **_d'un poste de secrétaire de direction en intérim._** (F4)

Mme Delay : Oui. Alors, **_je vous demanderai_** (C1) de bien vouloir répondre à quelques questions... **_Vous êtes de quelle nationalité ?_** (B1)

Astrid : Allemande, mais je suis trilingue anglais-français-allemand.

Mme Delay : Très bien, **_c'est un bon atout_**[2]. (D8) **_Parlez-moi de votre expérience professionnelle._** (C1)

Astrid : Eh bien, à la fin de mes études, j'ai fait un stage d'un an dans une grande banque de Francfort, puis je suis partie en Angleterre travailler comme secrétaire de direction dans une société d'assurances.

Mme Delay : **_Mmm... Vous savez vous servir d'un ordinateur ?_** (B14) (F6)

Astrid : Oui, bien sûr, j'ai utilisé un LM 3, je connais bien le Macintosh.

Mme Delay : Et vous tapez combien de mots à la minute ?

Astrid : **_Environ trois cents, je pense._** (B10)

Mme Delay : Très bien. Est-ce que vous connaissez la sténo ?

Astrid : Oui, dans mon dernier travail, je devais prendre tout le courrier en sténo.

Mme Delay : Bien. **_Et vous êtes disponible à partir de quand ?_** (B1)

Astrid : Dès maintenant !

Mme Delay : Eh bien, **_je crois que_** (B10) vous convenez bien à nos critères. **_Voulez-vous remplir ce formulaire ?_** (C2) **_Et dès que nous aurons un poste libre, nous vous contacterons._** (D17)

Astrid : Merci, Madame.

---

1. Intérim = travail temporaire.
2. Un atout = une qualité qui facilite le succès.

122 Un entretien pour une place de baby-sitter

REGISTRE :
usuel

Ingrid : Bonjour, Madame. *Je téléphone à propos de* (F2) l'annonce concernant une baby-sitter.

Mme Rousseau : Oui, bonjour, Mademoiselle. En effet, *je recherche* (B1) une baby-sitter pour garder mon fils âgé de 15 mois. Il me faudrait quelqu'un trois après-midi par semaine et deux samedis soirs par mois.

Ingrid : *Cela me semble possible.* (B13) Je suis étudiante, mais je suis en train d'écrire ma thèse. Je suis donc assez flexible pour les horaires.

Mme Rousseau : *Vous avez l'habitude des enfants ?* (B1)

Ingrid : Oui, j'ai fait beaucoup de baby-sitting dans mon pays, aussi bien avec des bébés qu'avec des enfants plus âgés. *De toute façon, j'adore les enfants.* (D10)

Mme Rousseau : Très bien. Eh bien, du point de vue financier, je pensais vous régler 40 francs de l'heure. Est-ce que cela vous convient ?

Ingrid : *Oui, tout à fait, Madame.* (D1)

Mme Rousseau : *Eh bien, nous pourrions prendre rendez-vous* (C17) pour que vous puissiez connaître mon fils. *Est-ce que vous seriez libre mercredi, vers 17 heures ?* (C17)

Ingrid : Sans problème, Madame. *Vous me donnez votre adresse ?* (B1)

Mme Rousseau : 93, avenue Maréchal Foch. C'est au deuxième étage à droite.

Ingrid : D'accord ! *Je m'appelle Ingrid Engstrom. Je suis suédoise.* (A4)

Mme Rousseau : Très bien. *Alors à mercredi ! Au revoir, Mademoiselle !* (A2)

Ingrid : *Au revoir, Madame !* (A2)

12 3 « Bienvenue à la société Cortex »

(Un stagiaire[1] anglais, Brian Edwards, fait la connaissance de ses collègues français.)

▶ *À la réception :*

La réceptionniste : Monsieur ?

M. Edwards : **Bonjour.** (A1)**Je suis monsieur Edwards** (A4) **J'ai rendez-vous avec votre Directrice des relations publiques, madame Joubert.** (C17) (F4)

La réceptionniste : Monsieur Edwards ? Ah oui, madame Joubert vous attend. Un instant s'il vous plaît.
(Elle décroche l'appareil.) **Allô ? Madame Joubert ? Monsieur Edwards est là.** (F2)
(À M. Edwards.) Elle arrive. **Vous voulez vous asseoir ?** (C2)

M. Edwards : Merci.

(Quelques instants plus tard, madame Joubert arrive.)

Mme Joubert : **Bonjour, Monsieur. Bienvenue à la société Cortex.** (A3) (A15)

M. Edwards : Merci, Madame. **Je suis très content d'être ici.** (D6)

Mme Joubert : Bon, alors je vais d'abord vous montrer votre bureau. Et puis dans une demi-heure, on se réunit dans le bureau du Directeur pour que vous puissiez faire la connaissance de vos collègues.

M. Edwards : D'accord.

▶ *Dans le bureau du Directeur, M. Robillard :*

Mme Joubert : Monsieur Robillard, je vous présente monsieur Edwards des magasins « Homewares ». Monsieur Edwards, notre Directeur, monsieur Robillard. (A4)

M. Edwards : **Bonjour, monsieur le Directeur.** (A1) **Enchanté de faire votre connaissance.** (A4)

M. Robillard : **Bienvenue dans notre maison, Monsieur.** (A3) (A15)
J'espère que vous allez passer un séjour agréable avec nous. **Je vous présente notre équipe : monsieur Coupeau, le Directeur adjoint, monsieur Viguier,**

---

1. Un(e) stagiaire = personne qui fait un stage, un séjour d'entraînement dans une entreprise, un établissement.

notre comptable, madame Grammont, Directrice du service des achats, monsieur Perec, Directeur des services administratifs, et monsieur Mitrovic qui s'occupe de l'entrepôt et des transports. (A4) (F4)

M. Edwards : (Il serre la main à tous.) **Enchanté.** (A4)

Mme Joubert : **Madame Goeldner, qui s'occupe du service des ventes** (F4) n'est pas là en ce moment. **Elle est en province** (B2) avec un de nos représentants.

M. Robillard : Eh bien, maintenant que vous connaissez tout le monde, **je vous propose de déjeuner avec nous pour mieux faire connaissance !** (C12)

M. Edwards : **Avec plaisir !** (A8) Et merci de l'accueil que vous me faites.

M. Robillard : **C'est tout à fait normal, Monsieur !** (A10)

124 Au téléphone

REGISTRE : usuel

(Un homme d'affaires espagnol veut prendre rendez-vous avec un collègue français, qui travaille pour une chaîne de supermarchés, « Bonprix ».)

La réceptionniste : Allô. Magasins « Bonprix », bonjour.

M. Sanchez : Bonjour, **je voudrais parler à** (F2) monsieur Martin, s'il vous plaît.

La réceptionniste : **Monsieur Jean Martin, notre comptable ou monsieur Robert Martin, le Directeur du service des achats ?** (F4)

M. Sanchez : Monsieur Robert Martin.

La réceptionniste : **Je suis désolée, Monsieur, mais monsieur Robert Martin est en ligne. Vous voulez lui laisser un message ?** (F2)

M. Sanchez : Non, c'est assez urgent. **Est-ce qu'il y a quelqu'un d'autre qui pourrait m'aider ?** (B1)

La réceptionniste : Son adjointe est là. Mademoiselle Vautin.

M. Sanchez : Ah, oui, je la connais bien.

La réceptionniste : **Vous voulez lui parler ?** (B1)

M. Sanchez : Oui, s'il vous plaît.

La réceptionniste : **C'est de la part de qui ?** (F2)

M. Sanchez : De monsieur Sanchez, de la Société Terron.

La réceptionniste : **Ne quittez pas. Je vous la passe.** (F2)

M. Sanchez : Merci.

José, qui est étudiant dans une école de marketing, fait une enquête auprès des clients dans un hypermarché. Il s'approche d'une femme, Madeleine.

José : **Pardon, Madame,** (A6) **je suis étudiant dans une école de marketing et je fais une enquête auprès des clients dans ce magasin.** (A4) **Je peux vous poser quelques questions ?** (C18)

Madeleine : Ça dépend. Ça va prendre combien de temps ?

José : Oh, une minute ou deux.

Madeleine : D'accord.

José : D'abord, quelle est votre profession ?

Madeleine : Je suis comptable.

José : Vous êtes mariée ?

Madeleine : Non, célibataire.

José : Vous faites du sport ?

Madeleine : Oui, je fais de l'aerobic. Et quelquefois je fais de la natation. Et du ski.

José : Le soir, vous sortez ?

Madeleine : Oui, souvent. Je vais au cinéma, aux concerts, je rends visite à des amis.

José : Vous vous déplacez comment ?

Madeleine : J'ai une voiture. Une petite voiture.

José : Et vous venez souvent dans ce magasin ?

Madeleine : Oh, en moyenne une fois par semaine, je pense.

José : Depuis combien de temps ?

Madeleine : Depuis trois ans. Depuis qu'il existe.

José : Et qu'est-ce que vous achetez en général ?

Madeleine : En général des provisions – de la nourriture, du détergent. Et du maquillage. Et parfois des vêtements.

José : Vous achetez des fruits et des légumes ?

Madeleine : En général, non. Les fruits, les légumes, la viande, je les achète au petit marché à côté de chez moi. Et le pain, bien sûr. C'est plus frais et c'est moins cher.

José : Qu'est-ce que vous aimez le mieux dans ce magasin ?

Madeleine : Sa situation. C'est situé entre ma maison et mon travail. Donc, c'est très pratique pour moi.

José : Et ce que vous aimez le moins ?

Madeleine : Les prix ! Je sais qu'ils ne sont pas plus élevés qu'ailleurs, alors, je continue à venir ici.

José : ***Merci de votre compréhension, Madame.*** (A10) ***Au revoir et bonne journée.*** (A2)

Madeleine : ***Je vous en prie.*** (A10)

13 1 Excès de vitesse

REGISTRE :
usuel

Sur l'autoroute, madame Deval roule à 150 km/heure dans sa voiture de sport. Un gendarme la double[1] et lui signale de s'arrêter.

Mme Deval : Qu'est-ce qu'il y a ?

Le motard : Vous rouliez à 150, Madame. La limite est à 110 à l'heure.

Mme Deval : *Comment ! ? Je faisais du 150 ? ! Mais ce n'est pas possible !* (D22)

Le motard : *Si, Madame, c'est même certain.* (B12) On vous a contrôlée au radar. *Vos papiers, s'il vous plaît.* (C2)

Mme Deval : Voilà... le radar, vous dites ? *Ah, maintenant je comprends !* (B5) *Il doit y avoir* (B12) une erreur. Tout le monde sait qu'on ne peut jamais se fier au radar !

Le motard : Erreur ou non, ça vous coûte 2 000 F avec retrait du permis.

Mme Deval : Retrait du permis ! *Mais ce n'est pas possible !* (D30) J'ai absolument besoin de ma voiture pour mon travail !

Le motard : Vous expliquerez tout ça quand vous serez convoquée. Mais vous aurez au moins une semaine de retrait. Voilà la contravention[2]. Au revoir Madame.

Mme Deval : *Mais, c'est inadmissible !* (D30) (À elle-même) *Quel imbécile !* (D33) Il ne voulait même pas discuter. Décidément, on n'est plus libre dans ce pays aujourd'hui !

---

1. Doubler une voiture = dépasser une voiture.
2. Une contravention = document qui indique qu'on doit payer une certaine somme pour infraction au code de la route.

13 2 Au commissariat

L'agent : **Allons, Monsieur, du calme !** (C2) Alors, **qu'est-ce qu'il y a ?** (B1)

M. Lavaud : **On m'a volé mon passeport, mon portefeuille, mon appareil photo, enfin tout !** (B2)

L'agent : **Ça s'est passé quand et où ?** (B1)

M. Lavaud : **Tout de suite là. Devant la gare !** (B2)

L'agent : **On vous a agressé ?** (B1)

M. Lavaud : **Non. Je me suis arrêté un moment pour regarder le plan de la ville, et tout à coup deux types sont arrivés à moto... Ils m'ont tout pris !** (B2)

L'agent : **Comment ça, ils ont tout pris ?** (B1)

M. Lavaud : Ben... **avec cette chaleur, je n'avais pas de veste, alors, j'avais mis toutes mes affaires dans un sac.** (B2)

L'agent : Ah, je vois. **Ils étaient comment ces voleurs**[1] **?** (B1)

M. Lavaud : **Celui qui conduisait, je ne sais pas du tout.** (B2) Je ne l'ai pas vu. L'autre, il était... euh... **jeune, petit, assez fort, des cheveux blonds frisés. Il portait un jean, un T-shirt – bleu clair, je crois – et des baskets.** (B7) La moto, j'sais pas. **Assez puissante, mais pas très grande.** (B7)

L'agent : Bon, **alors vous allez là-bas faire votre déclaration.** (C2) **Mais ça m'étonnerait** (B12) qu'on retrouve vos affaires. En été, vous savez, il y a des tas de[2] vols de ce genre.

M. Lavaud : Mais, **c'est affreux !** (D8) La moto est même montée sur le trottoir !

L'agent : Je suis désolé. Tout ce que je peux faire, c'est de vous donner des conseils. **Évitez de porter vos affaires dans un sac. Mettez votre argent dans une poche, votre passeport dans une autre. Et ne prenez jamais beaucoup d'argent liquide avec vous.** (C4)

M. Lavaud : De bons conseils, mais un peu tard !

L'agent : **Enfin, bonnes vacances quand même, hein ?** (A15)

---

1. Ils étaient comment ces voleurs ? = comment étaient ces voleurs ?
2. ○ Des tas de = beaucoup de.

133 À la douane

Le douanier : **_Mademoiselle, votre passeport, s'il vous plaît !_** (A6)

Nancy : Le voilà, Monsieur.

Le douanier : Mais votre visa n'est plus valable, Mademoiselle. Il est périmé.

Nancy : Mais non, il a été prolongé. **_Regardez sur l'autre page !_** (C2)

Le douanier : Ah oui. Bon, ça va. Vous avez quelque chose à déclarer ?

Nancy : Non, rien.

Le douanier : Qu'y a-t-il dans votre sac ?

Nancy : Un appareil-photo que je viens d'acheter.

Le douanier : Vous avez la facture ?

Nancy : Mais oui, Monsieur, la voilà !

Le douanier : Bon, ça va, **_passez !_** (C2)

Nancy : (à elle-même) **_Mon Dieu, qu'il était pénible !_** (D30) Il faisait la grève du zèle ou quoi ? !

134 Inscription à un cours de français

Anna : Bonjour Madame. *Je voudrais* (D15) m'inscrire à un cours de langue.

La secrétaire : *Lequel ? Le cours intensif ou le cours normal ?* (B1)

Anna : *C'est combien d'heures par semaine ?* (B1)

La secrétaire : *Le cours accéléré, c'est vingt-cinq heures par semaine, le cours normal, douze heures.* (B2)

Anna : *Je crois que je préfère* (D13) le cours normal. *Et je voudrais aussi* (D15) suivre un cours de civilisation.

La secrétaire : Bon. *L'inscription au niveau avancé du cours normal vous donne le droit d'assister en auditrice libre[1] aux conférences de civilisation pour étudiants étrangers.* (B2)

Anna : *Vous croyez que* (B10) je peux faire le cours avancé ?

La secrétaire : *Oh, je crois,* (B10) hein ? À vous entendre parler... *Il faut que vous passiez* (C25) un petit test de niveau, mais... *ça ira.* (C23)

Anna : *Est-ce qu'on reçoit un diplôme à la fin ?* (B1)

La secrétaire : Ce n'est pas un diplôme universitaire hein ? *Euh... vous allez recevoir un Certificat Pratique de Langue.* (B2) Ce diplôme est reconnu par la C.E.E.[2]

Anna : Merci, Madame.

---

1. Une auditrice (un auditeur) libre = une personne qui suit un cours mais qui ne veut pas se présenter à l'examen final.
2. C.E.E. = Communauté économique européenne.

Index des
actes de communication

A. Les liens sociaux, p. 10

1. Saluer (dire « bonjour »...).
2. Prendre congé (dire « au revoir »...).
3. Accueillir (voir aussi « Offrir à manger, à boire » A17).
4. Présenter/se présenter.
5. Comment décrire vos liens avec les autres personnes (voir aussi « Correspondance » E6).
6. Interpeller (attirer l'attention).
7. Inviter (voir aussi « Proposer de faire quelque chose ensemble » C12, « Proposer de l'aide » C6 et « Proposer un service » C9).
8. Accepter une invitation.
9. Refuser une invitation.
10. Remercier. Répondre aux remerciements.
11. S'excuser (voir aussi « Acheter » C3).
12. Féliciter.
13. Plaindre.
14. Présenter ses condoléances.
15. Souhaiter quelque chose à quelqu'un.
16. Offrir un cadeau.
17. Offrir à boire/à manger. Refuser/accepter l'offre (voir aussi « Accueillir » A3).
18. Faire un compliment.
19. Accepter un compliment.
20. Annoncer une nouvelle.
21. Engager, continuer, terminer une conversation.
22. Engager la conversation sur un sujet précis.
23. Bavarder.

B. Demander et donner des informations, p. 32

1. Demander des informations pratiques.
2. Donner des informations pratiques.
3. Dire qu'on ne peut pas donner d'informations pratiques (voir aussi « Dire son ignorance, dire qu'on ne sait pas » D3).
4. Dire qu'on se souvient/qu'on ne se souvient pas de quelque chose (voir aussi « Rappeler quelque chose à quelqu'un » C26).
5. Dire qu'on comprend/qu'on ne comprend pas quelque chose (...comprendre ce qui a été dit).
6. Désigner/caractériser.
7. Décrire les objets et les personnes. Pour dire comment on doit faire quelque chose (voir aussi « Donner des instructions » C2).
8. Parler de son état physique.
9. Que dire quand on ne connaît pas le nom...
10. Exprimer une opinion/demander son avis à quelqu'un (voir aussi « Porter un jugement sur quelque chose » D8 et « Dire qu'on est d'accord/pas d'accord » D4).
11. Insister (voir aussi « Rappeler quelque chose à quelqu'un » C26).
12. Exprimer la certitude, la probabilité, la possibilité, l'impossibilité et le doute.
13. Dire/demander ce qu'on peut faire/ce qu'on ne peut pas faire.
14. Dire ce qu'on sait faire/ce qu'on ne sait pas faire.

C. Pour passer à l'action, p. 53

1. Demander à quelqu'un de faire quelque chose (voir aussi « Demander à quelqu'un de se taire » C28 et « Se débarrasser de quelqu'un » C29).
2. Donner des indications/des instructions/des ordres (voir aussi « Refuser la permission » C20 ; « Défendre, interdire » C21).
3. Acheter/commander.
4. Conseiller.
5. Déconseiller.
6. Proposer de l'aide.
7. Accepter une offre d'aide.
8. Refuser une offre d'aide.
9. Proposer un service.
10. Accepter une offre de service.
11. Refuser une offre de service.
12. Suggérer : proposer de faire quelque chose ensemble (voir aussi « Inviter » A7, et surtout l'encadré « Attention »).
13. Accepter/refuser la suggestion (voir « Accepter une invitation » A8 et « Refuser une invitation » A9).
14. Suggérer : proposer à l'autre personne de faire quelque chose elle-même (voir aussi « Conseiller » C4).
15. Accepter une suggestion.
16. Refuser une suggestion.
17. Fixer un rendez-vous.
18. Demander la permission.
19. Donner la permission.
20. Refuser la permission.
21. Défendre/interdire.
22. Promettre.
23. Rassurer (voir aussi « Promettre » C22).
24. Encourager.
25. Exprimer la nécessité/l'obligation de faire quelque chose.
26. Rappeler quelque chose à quelqu'un.
27. Avertir/prévenir/mettre en garde.
28. Demander à quelqu'un de parler moins fort, de se taire.
29. Se débarrasser de quelqu'un.
30. Demander de répéter.

D. Décrire des attitudes et exprimer des sentiments, p. 77

1. Répondre « oui » (voir aussi « Insister » B11, « Dire qu'on est d'accord » D4 et « Dire que l'interlocuteur a raison » D5).
2. Répondre « non » (voir aussi « Insister » B11, « Dire qu'on est d'accord » D4 et « Dire que l'autre personne a raison » D5).
3. Dire son ignorance (Dire qu'on ne sait pas quelque chose) (voir aussi « Donner des informations pratiques » B2).
4. Dire qu'on est d'accord/qu'on n'est pas d'accord.
5. Dire que l'autre personne a raison/a tort.
6. Dire qu'on est content.
7. Dire qu'on est mécontent.
8. Porter un jugement sur quelque chose ou sur quelqu'un.
9. Dire que quelque chose/que quelqu'un est amusant.
10. Dire ce qu'on aime/ce qu'on n'aime pas (voir aussi « Dire ce qu'on préfère » D13, « Dire son indifférence » D14 et « Porter un jugement sur quelque chose ou sur quelqu'un » D8).
11. Désapprouver les actions d'une autre personne, les lui reprocher (voir aussi « Dire qu'on est mécontent » D7 et « Dire ce qu'on n'aime pas » D10).
12. Se reprocher une action passée (voir aussi « S'excuser » A11).
13. Dire ce qu'on préfère.

14. Dire son indifférence.
15. Dire ce qu'on veut faire (intention, espoir, volonté).
16. Dire ce qu'on ne veut pas faire.
17. Dire ce qu'on va faire (ce qu'on a l'intention de faire, ce qu'on espère faire).
18. Dire son regret.
19. Dire sa déception.
20. Dire sa peur/ses craintes/son soulagement.
21. Dire sa gêne, son embarras.
22. Dire sa surprise/son étonnement.
23. Exprimer l'admiration (voir aussi « Porter un jugement » D8).
24. Exprimer son intérêt.
25. Rendre quelqu'un responsable d'une action/accuser.
26. Se défendre d'une accusation.
27. Faire une réclamation.
28. Exprimer la bonne/la mauvaise humeur.
29. Exprimer le dégoût.
30. Protester/exprimer l'irritation/l'exaspération.
31. Exprimer l'impatience.
32. Parler de ce qui vous concerne/de ce qui ne vous concerne pas/de ce qui concerne l'autre/de ce qui ne concerne pas l'autre.
33. Dire des insultes/des injures.

E. Pour aller plus loin, p. 107

1. Résumer.
2. Raconter une suite d'événements.
3. Rapporter (ce que quelqu'un d'autre a dit).
4. Faire des hypothèses (« Si... »).
5. Comment gagner du temps pour réfléchir.
6. Écrire une lettre personnelle.

F. La vie professionnelle en Europe, p. 113

1. L'Europe des douze.
2. Téléphoner, répondre au téléphone.
3. Écrire une lettre commerciale ou administrative.
4. Organigramme d'une société.
5. Faire un discours.
6. La technologie de bureau.

Index

Pour vous aider à bien utiliser ce GUIDE, nous mettons à votre disposition un index des « actes de communication » de la première partie, en cinq langues : français, anglais, allemand, espagnol et italien. Dans chacun de ces index les « actes de communication » sont classés par ordre alphabétique et suivis d'une lettre et d'un chiffre qui renvoient à la première partie du GUIDE.

Français

Anglais

Allemand

184

Espagnol

Italien

Achevé d'imprimer en mai 2002
sur les presses de l'Imprimerie Hérissey - 2700 Évreux
N° d'imprimeur : 92303 - Dépôt légal : 5063-03 - 4966-02
Imprimé en France